Claudia und Eberhard Mühlan

# Abenteuer Erziehung

Persönliche Einsichten
aus 30 turbulenten Familienjahren

W0108544

Claudia und Eberhard Mühlan

# Abenteuer Erziehung

Persönliche Einsichten aus 30 turbulenten Familienjahren

Schulte & Gerth

© 2001 Gerth Medien GmbH, Asslar
Best.-Nr. 815 708
ISBN 3-89437-708-9
1. Auflage Februar 2001
2. Auflage Mai 2001
Umschlaggestaltung: spoon / Olaf Johannson
Titelfotos: Photodisc
Satz: Die Feder GmbH, Wetzlar
Druck und Verarbeitung: Schönbach-Druck GmbH
Printed in Germany

# Inhalt

# Das liegt uns auf dem Herzen

 Wenn man Claudia und mich vor ein oder zwei Jahren fragte: „Sagt mal, wann schreibt ihr denn das nächste Buch?", winkten wir in der Regel ab und antworteten: „Ach, zum Thema Erziehung gibt es wirklich nicht viel Neues zu sagen. Wir wüssten auch nicht, was wir noch schreiben sollten." In der Tat: Im „Großen Familien-Handbuch" haben wir alle unsere praktischen Tipps zur Kindererziehung gut komprimiert zusammengefasst. Man muss sie nur lesen und umsetzen!

Aber jetzt haben wir uns doch wieder an den Computer gesetzt, denn diese drei Themen brennen uns auf dem Herzen:

- Wir möchten Eltern helfen, die irreführenden Erziehungsansätze unserer Zeit zu durchschauen, um dann umso überzeugter einen biblisch orientierten Erziehungsstil umzusetzen.
- Wir möchten unsere vergangenen 30 Familienjahre durchleuchten:
  - unsere Prozesse in Partnerschaft und Erziehung,
  - unsere Fehler,
  - und was uns im Umgang mit Kindern am Wichtigsten erscheint!
- Wir möchten Sie in unser Herz schauen lassen, sozusagen ein „Vermächtnis" weitergeben, damit Familienleben auch künftig gut gelingen kann!

# Eine böse Saat ist aufgegangen

Wenn wir zum Jahrtausendwechsel Bilanz ziehen, fragen wir uns, wie lange es wohl noch die *Normalfamilie* geben wird, das heißt, ein Ehepaar mit gemeinsamen leiblichen Kindern. Vor 40 Jahren lagen die jährlichen Scheidungen im Vergleich zu den Eheschließungen in Deutschland bei etwa 10 %. Zum Jahrtausendwechsel waren es bereits 46 %! Damit haben wir eine Rekordzahl erreicht. So viele Scheidungen gab es in Deutschland noch nie! Und wenig weist darauf hin, dass sich die Situation verbessern wird. Vielmehr wird an dem im Grundgesetz verankerten Schutz der Ehe gerüttelt, um andere Lebensformen rechtlich gleichzustellen. Auch die Definition der Familie wird umgedeutet: „Familie ist, wo Kinder sind", wird neuerdings von Politikern fast aller Parteien vertreten.

Unter der Auflösung der Familie leiden die Kinder jedoch am meisten. So klagte auf einer Tagung die Psychotherapeutin Christa Mewes, 1,5 Millionen Kinder und Jugendliche seien so verhaltensgestört, dass sie dringend behandelt werden müssten.

Gewalt, Sucht und sexueller Missbrauch ist wohl die schwerste Hypothek, die wir mit ins neue Jahrtausend übernehmen. Gewalttätige Kinder und Teenager werden immer jünger und skrupelloser. Ist das die Folge der Zügellosigkeit in unserer Gesellschaft, sowohl von unbeherrschten und gleichgültigen Erwachsenen als auch haltlos aufgewachsenen Kindern?

Das Suchtverhalten von Kindern und Jugendlichen ist kaum einzudämmen. Ist dies die Folge der Sinnlosigkeit und Wertekrise in unserer Gesellschaft?

Kinderpornographie, sexuell missbrauchte Mädchen und Jungen sind allenthalben zu finden. Ist das die Folge einer sexuellen Revolution, die aus den Fugen geraten ist?

Christa Mewes behauptet: „Eine böse Saat ist aufgegangen ..." Ihre Voraussagen aus den 60er-Jahren, dass es an der Jahrtausendwende zu einem Boom an seelischen Erkrankungen, Süchten, Kriminalität und sexuellem Missbrauch kommen werde, hätten sich bestätigt.[1]

Was für eine „böse Saat" ist da nur in den letzten 30 bis 40 Jahren gesät worden?

„68er-Studentenunruhen, Frankfurter Schule, der lange Marsch durch die Institutionen", dies sind Begriffe, die kaum einer kennt, wenn wir während unserer Seminare nachfragen. Dabei leben gerade die heutigen jungen Familien mit den Früchten der gesellschaftlichen Umbrüche während der Jahre nach 1968: den Folgen von Emanzipation und sexueller Revolution, den Auswüchsen einer antiautoritären Erziehung, der Orientierungslosigkeit einer *elternlosen Generation.*

Es stimmt: Emanzipation und antiautoritäre Erziehung sind zur Zeit kaum noch Themen. Der Pendelschlag ist vielmehr in die andere Richtung gegangen: Eltern wünschen sich wieder Rituale, Regeln und Grenzen in ihrem Familienleben. Trendforscher sprechen sarkastisch von einem wieder aufbrechenden Neo-Konservatismus, das heißt, dass sich konservatives Denken wieder neu durchsetzt. Man braucht nur am Kiosk die gängigen modernen Familienzeitschriften durchzublättern, um diese These bestätigt zu finden. Das Alarmierende jedoch ist, dass dieser Neo-Konservatismus kein Fundament hat, worauf er aufbauen kann. Denn christliche Werte wie Treue, Verzicht, Hingabe, sich einordnen und anderes werden nach wie vor abgelehnt. Und so stößt der neue Trend auf ein Werte-Vakuum! Welche Werte können junge Eltern auch weitergeben, wenn sie in ihrer Kindheit lediglich Selbstverwirklichung, Beziehungskrisen, Konsum und Überdruss vorgelebt bekommen haben?

Es ist Augenwischerei, jetzt abzuwinken und zu meinen, die wilden Jahre nach 68 hätten wir mittlerweile glücklich überstanden. Denn das Thema ist und bleibt hochaktuell! Somit leben wir mit den Folgen dreißigjähriger geistiger Verwüstung: Wenn wir sie nicht durchschauen, bleiben wir darin verstrickt und orientierungslos.

Außerdem sind die Träumer von damals jetzt politisch am Ziel. Endlich können sie ihre Ideen, die sie seit 30 Jahren auf ihrem „langen Marsch durch die Institutionen" ausgearbeitet und bereits umgesetzt haben, politisch verankern. Auf dem Parteitag der Grünen im Frühjahr 1999 verkündete Joschka Fischer triumphierend: „Wir sind die 68er, jetzt sind wir an der Macht und wollen unsere Ziele endlich verwirklichen!"[2]

Kennen Sie diese Ziele und wissen Sie, was sie für Sie und Ihre Kinder bedeuten?

Claudia und ich sind waschechte „Mitstreiter der 68er-Revolution" – wir sind in etwa im selben Alter wie Joschka Fischer und haben ebenso die Turnschuhe mit Lederschuhen ausgetauscht. Als

Pädagogikstudent erlebte ich damals den Beginn der Kulturrevolution an den Hochschulen hautnah mit. Nach anfänglichen Sympathien entschieden wir uns allerdings für einen anderen Weg, nämlich als Christen kompromisslos mit der zeitlosen Wahrheit des Wortes Gottes zu leben und damit die Gesellschaft zu beeinflussen.

Interessanterweise lenkte Gott unser Leben so, dass er uns viele Kinder anvertraute. Dadurch waren wir gezwungen, uns mit den Erziehungskonzepten unserer damaligen Zeit sehr gründlich zu befassen. Wir konnten ihnen nicht folgen und entwickelten im Laufe der Zeit ein Erziehungsmodell, das sich am Wort Gottes und an dem biblischen Menschenbild orientierte. Nach elf „Lehrjahren", in denen wir unsere Thesen testeten und als Familie übten, schrieben wir dann unser erstes Erziehungsbuch „Menschenskinder – Kindererziehung aus biblischer Sicht". Wenige Jahre später gründeten wir mit Dirk und Christa Lüling den Verein „Team.F – Neues Leben für Familien" – damals hieß er noch „Neues Leben – Neue Familien" – und begannen mit Ehe- und Erziehungsseminaren sowie Beratung.

Dabei erlebten wir viel Gegenwind. Wir passten einfach nicht in die damalige Zeit. Dass säkulare Medien uns nicht akzeptieren wollten – die Zeitschrift „Eltern" bezeichnete mich damals als Brachialpädagogen –, machte uns nicht viel aus und bestätigte letztlich, dass wir mit unserem biblischen Erziehungsmodell richtig lagen. Aber auch von Christen erfuhren wir Widerstand; für die einen waren wir zu christlich extrem, andere meinten, unsere Ansprüche wären zu hoch und idealistisch, einfach nicht nachvollziehbar. Und dennoch – viele Familien waren von unserem biblischen Erziehungsmodell begeistert und so wuchs die Seminararbeit von Team.F enorm an.

Jetzt können wir auf 30 Jahre Familienleben und Pädagogik zurückschauen und es bleiben uns immer noch so einige Erziehungsjahre, da unsere Jüngste gerade mal elf Jahre alt ist. Das sind nahezu zwei Erziehungsgenerationen, die wir großgezogen haben: Eine bestand schwerpunktmäßig aus den sechs angenommenen Kindern, an die sich eine zweite wesentlich leichtere Phase mit hauptsächlich leiblichen Kindern anschloss.

Als Pädagoge betrachtete ich unsere Familie stets aus zwei Blickwinkeln: einmal als Vater, aber dann auch als Erziehungswissenschaftler. Beide Sichtweisen führten dazu, dass wir wirklich alltagserprobte Ratschläge in unseren Büchern niederschrieben. Das ist die Außenseite, die auch so mancher Leser von uns Mühlans kennt. Wie aber sah es in unserem Herzen aus, wie vollzog sich unsere innere Entwicklung? Eine Frage, die schon so manchen Teilnehmer unserer Seminare und sicher auch so manchen Leser unserer Bücher interessiert hat; deshalb möchten wir sie gerne mit diesem Buch beantworten.

# Der Anfang unseres Abenteuers

 Während unserer offiziellen Seminare nehmen wir uns meist nicht die Zeit, von unseren Anfängen zu erzählen. Aber wenn dann der Abend in einer gemütlichen Plauderrunde ausklingt, kommen die neugierigen Fragen: „Claudia, Eberhard, erzählt mal. Wie seid ihr so plötzlich zu so vielen Kindern gekommen? Wie habt ihr das überhaupt geschafft?" Dann lehnt sich Eberhard entspannt zurück – wer ihn kennt, weiß, dass er gern erzählt – und legt los:

## Kinder der 68er-Generation

Claudia und ich waren gerade mal ein gutes Jahr verheiratet. Ich studierte an der pädagogischen Hochschule in Braunschweig und Claudia arbeitete als Kontoristin bei Siemens. Als typische 68er-Jugendliche, in einer traditionellen Baptistengemeinde aufgewachsen, waren wir kritisch und unzufrieden: mit der Elterngeneration, unserer Gemeinde und mit der bürgerlichen Gesellschaft sowieso. Uns bewegten die Fragen nach einer gerechteren Welt und vor allem nach dem Sinn unseres Lebens. „Trau keinem über dreißig!" war nicht nur unser Motto, sondern auch das unserer Freunde, und entsprechend verhielten wir uns, indem wir aber auch alles in Frage stellten. Ein äußeres Zeichen dafür war dann auch, dass meine Haare zum Ärger der anderen Gemeindeglieder immer länger wurden. Unsere Sehnsucht nach Freiheit kompensierten wir beide hauptsächlich mit abenteuerlichen Reisen. Zunächst mit einem Motorroller und dann mit einem alten VW-Bus, den wir provisorisch zu einem Camper ausbauten. In den Semesterferien gehörte uns ganz

Europa: vom Nordkap bis nach Marokko. „On the road" war unser Motto – ganz nach „Easy Rider", dem Kultfilm unserer Zeit. Da konnten wir Landschaften und Kulturen entdecken, stundenlang diskutieren und Zukunftspläne schmieden. Was jedoch die Gründung einer Familie betraf, verhielten wir uns diesbezüglich allerdings ganz spießig. „Also, mehr als zwei Kinder werden wir uns nicht leisten können", sinnierte ich zum Entsetzen von Claudia, wenn wir auf dieses Thema zu sprechen kamen. „Was die kosten! Und überhaupt, was bleibt dann noch von unserer Freiheit übrig?"

An den Hochschulen – Braunschweig eingeschlossen – tobten derweil die Studentenunruhen. Seminare wurden besetzt und zu politischen Diskussionen umfunktioniert. Vorlesungen fielen aus und es wurde gestreikt. Die Studenten zogen demonstrierend durch die Straßen. Zunächst dachten wir, es ginge lediglich um eine Hochschulreform, die bitter nötig war. Doch dann eskalierten die Unruhen in Straßenbarrikaden und Terror gegen die Staatsmacht. Man wollte eine neue, bessere Gesellschaft, obwohl den meisten Mitläufern – wie auch uns – nicht ganz klar war, wie das tatsächlich funktionieren sollte.

Uns behagte das Ganze nicht mehr. Als Christen war uns klar, dass es nicht ausreicht, lediglich gesellschaftliche Strukturen zu ändern. Der Mensch selbst mit seinem Egoismus und seiner Herrschsucht war das Hauptproblem. Wir wollten nicht nur diskutieren und alles kaputtmachen, sondern etwas Konstruktives tun.

Heute denkt man kaum noch daran, dass damals parallel zu den weltweiten politisch links orientierten Studentenunruhen auch eine geistliche Bewegung unter unzufriedenen, suchenden jungen Christen aufbrach. Unruhe und Veränderung lagen einfach in der Luft! Quasi als Gegenüber zur Hippie-Bewegung in den USA entstanden weltweit die „Jesus People", junge ausgeflippte Leute, die sich vielfach aus dem Drogenmilieu radikal zu Jesus bekehrten. Volkhard Spitzer in Berlin leitete zu dieser Zeit eine „Jesus-People" Gemeinde und taufte scharenweise junge Leute im Wannsee. Walter Heidenreich, selbst ein drogensüchtiger Hippie, bekehrte sich mitsamt seiner Clique auf spektakuläre Weise zu Jesus und gründete das Rehabilitations- und Evangelisationszentrum „Wieslade" in Lüdenscheid. „Teen Challenge" und auch die Drogenarbeit „Kaffeetwete" in Braunschweig, deren Anfänge wir miterlebten, haben ihre Wurzeln in der „Jesus People" Bewegung.

Andere junge Christen bemühten sich, auf soziale oder intellektuelle Weise Antworten auf die Fragen unserer Zeit zu geben. Es entstanden Kommunitäten wie die „Jesus-Bruderschaft" und die „Offensive Junger Christen" auf Schloss Reichelsberg mit dem Ehepaar Hofmann und viele andere mehr.

Uns faszinierten besonders die „Christusträger" in Bensheim-Auerbach. Dort wohnte eine Gruppe junger Männer in einer alten Villa zusammen, jeder ging seinem Beruf nach, als Tischler, Bürokaufmann oder Architekt, und alle schmissen am Monatsende ihr Einkommen in einen Topf, bis auf ein Taschengeld von etwa 50 DM. Der Rest des Geldes, das sie nicht für ihren Lebensunterhalt brauchten, ging nach Pakistan, wo Mitglieder der „Christusträger" entbehrungsreich unter Leprakranken arbeiteten. Die deutsche Gruppe wiederum zog nach Feierabend mit ihrer Rockband durch die Lande, evangelisierte und diskutierte endlos mit den fragenden Jugendlichen über Sinn und Wert des Lebens.

Dieser radikal christliche Lebensstil war genau das, was wir suchten. Da die Gruppe nur aus Ledigen bestand, wir aber bereits verheiratet waren, gründeten wir mit einigen anderen Ehepaaren die „Christusträger-Unität". Mission, das war auch unser Ziel! Zu Hause bereiteten wir uns darauf vor und übten uns schon einmal in einem einfachen Lebensstil. Claudia gab ihr ganzes Monatseinkommen in die Mission, sodass wir beide nur noch von meinem kärglichen BAföG lebten. Morgens gab's Margarinebrot und Muckefuck und wir waren dabei so glücklich wie noch nie zuvor in unserem Leben. Fleißig büffelten wir Spanisch, denn unser Ziel war, gleich nach meinem Studienabschluss nach Paraguay zu gehen und dort ein Kinderheim zu eröffnen.

## „Wer eins dieser Kleinen aufnimmt ..."

Aber Gottes Pläne für uns waren anders. In der Kaffeetwete, einem mehrstöckigen Haus in der Innenstadt Braunschweigs, begann eine Arbeit unter Drogenabhängigen, in der wir teilweise mitarbeiteten. Wie in jeder Pionierzeit ging es dort mitunter chaotisch zu. So erlebten wir mit, wie Zwillinge, etwa zweieinhalb Jahre alt und dort offensichtlich fehl am Platz, mit den gefährdeten Jugendlichen zusammenlebten. Ihre Mutter hatte sich abgesetzt und der

Vater war nicht in der Lage, sie zu versorgen. Die beiden Kleinen konnten dort nicht länger bleiben! Da Claudia gerade ihren ersten Schwangerschaftsurlaub antrat, nahmen wir die beiden mit der Einwilligung des Vaters kurzerhand in unserer kleinen Studentenwohnung auf. Aber da hatten wir die Rechnung ohne das Jugendamt gemacht. Leicht erbost kamen zwei ältere Damen zur Visite und verhörten uns: Wie wir dazu kämen ohne Absprache mit dem Amt die Kinder aufzunehmen und überhaupt, wovon wir lebten und wie wir für die Kinder sorgen wollten? Unbefangen und naiv erzählten wir, dass dies ein Notfall gewesen sei, die Kinder unbedingt ein Zuhause bräuchten und Gott uns sicherlich nicht im Stich lassen würde. O Wunder, die beiden Damen ließen sich überzeugen. Die Kinder blieben bei uns, obwohl wir noch so jung waren und über kein geregeltes Einkommen verfügten. Irgendetwas an unserer Art zu leben musste sie wohl beeindruckt haben.

Wenige Wochen später lebten wir zu fünft auf 48 Quadratmetern, denn nun war Nico, unser erster Sohn, geboren. Unser Leben wurde vollkommen umgekrempelt und uns dämmerte langsam: Dieses Abenteuer entsprang nicht allein unserem sozialen Drang, sondern Gott war dabei, uns einen Teil unserer Lebensberufung deutlich zu machen. Ein Ausspruch Jesu faszinierte uns und ließ uns ahnen, dass noch mehr auf uns zukommen würde: „Wer ein solches Kind in meinem Namen aufnimmt, der nimmt mich auf" (Matthäus 18,5). Glücklicherweise konnten wir schnell in ein großes altes Haus am Stadtrand umziehen und wir erlebten eins der ersten Wunder in unserer Familiengeschichte: Für ein ganzes Jahr durften wir dort kostenlos wohnen, bis ich mein erstes Gehalt als Lehrer bekam. Gott stellte sich wirklich zu uns!

Die beiden Damen vom Jugendamt hatten uns jedoch nicht vergessen. Sie standen kurz vor ihrer Pensionierung und wollten bis dahin so viele Kinder wie möglich aus den damals noch bestehenden, im alten Stil geführten, sterilen Säuglings- und Kleinkindheimen in Pflegefamilien vermitteln. So meldeten sie sich alle paar Monate bei uns und fragten vorsichtig an, ob wir nicht noch einen Notfall aufnehmen könnten. In meiner impulsiven Art antwortete ich: „Was, ein Notfall? Natürlich, bringen Sie das Kind vorbei!"

„Ja, aber wollen Sie es sich nicht erst noch anschauen?"

„Aber nein, kaufe ich denn einen Pudel, dass ich gucken muss, ob das Kind blaue Augen oder blonde Haare hat? Bringen Sie es vorbei!"

Bei dieser Antwort waren die beiden Damen sprachlos, denn so etwas hatten sie in ihren vielen Dienstjahren offensichtlich noch nicht erlebt. Auf diese Weise kam es dann, dass wir beide innerhalb eines Jahres sechs kleine Geschöpfe in unserer Obhut hatten – das älteste vier Jahre alt und das jüngste ein Säugling. Claudia war mit 21 Jahren bereits sechsfache Mutter und ich, knapp vier Jahre älter, stand dicht vor meinem Lehrerexamen. Kurze Zeit später nahmen wir noch ein weiteres Kind auf und im schönen Abstand von etwa drei Jahren wurde ein Mühlan nach dem anderen geboren, bis wir schließlich auf die stattliche Zahl von sechs angenommenen und sieben leiblichen Kindern gekommen waren.

## Woher nur die Kraft und den Durchblick nehmen?

Es war abzusehen, dass wir beiden jungen Leute mit den sechs kleinen Kindern schnell an die Grenzen unserer körperlichen und psychischen Kraft kamen. Zudem erfuhren wir von den Leuten um uns herum nicht gerade viel Ermutigung, sondern hörten vielmehr warnende Stimmen: „Damit übernehmt ihr euch doch bloß. Das kann doch nicht gut gehen!"

Zwei existentiell wichtige Fragen trieben uns um: „Wo holen wir nur die ganze Liebe, Geduld und Kraft her, die die sechs Kleinen so nötig brauchen?" und „Wie können wir richtig mit ihnen umgehen?", „Was ist der angemessene Erziehungsstil?" Denn jedes der Kleinen brachte seine eigenen seelischen Defizite mit.

Die erste Frage wurde schnell beantwortet. Wir lernten die damals junge charismatische Bewegung kennen und damit einen Lebensstil, der uns bisher unbekannt war. Vor allem ein Bibelvers weckte in uns die Sehnsucht nach mehr vom Heiligen Geist: „Denn die Liebe Gottes wird ausgeschüttet in eure Herzen durch den Heiligen Geist" (Römer 5,5). Das war's! Wir brauchten für unsere vielen Kinder mehr von Gottes Liebe und der Schlüssel war, den Heiligen Geist zu bitten, dies in uns zu bewirken. Unbefangen ließen wir für uns beten und verspürten echte Veränderungen: einen neuen Hunger, in der Bibel zu lesen, die Maßstäbe der Heiligen Schrift ernst zu nehmen und umzusetzen sowie eine brennende Liebe zu Jesus, die sich durch Lobpreis und Anbetung ausdrückte!

Wenn wir heute zurückblicken, dann war das Aufwachsen in einer bibeltreuen Baptistengemeinde, die Begegnung mit den „Christusträgern" und der charismatischen Erneuerungsbewegung für uns junge Christen lebensprägend.

Die Christusträger lehrten uns, einen Blick für die Ausgestoßenen in unserer Gesellschaft zu bekommen und im Vertrauen auf Gott einen einfachen Lebensstil zu führen. Die charismatische Erneuerungsbewegung zeigte uns die Dimension Gottes als liebender Vater, schürte in uns das Feuer der ersten Liebe zu Jesus und führte uns in einen Lebensstil der Anbetung. Unser solides evangelikales Erbe durch das Aufwachsen in einer Baptistengemeinde aber half uns bei all dem eine gesunde Ausgewogenheit zu bewahren.

Eine große Familie zu versorgen kostet in unserer Gesellschaft immens viel Geld. Eine häufig an uns gestellte Frage war auch: „Wie schafft ihr das nur finanziell mit so vielen Kindern?" Natürlich hatten wir immer wieder mit deftigen finanziellen Engpässen zu kämpfen und konnten uns oft nicht das leisten, was sich andere unbeschwert anschafften. Immerhin lebten wir viele Jahre ohne eine feste Anstellung im „Glauben", wie man das so schön in christlichen Kreisen sagt. Und doch konnten wir meistens unbekümmert und ohne Neid auf andere leben. Wir hatten vielmehr das starke Vertrauen, dass Gott unser Versorger ist und bleibt. Und tatsächlich: Bei allem spannenden finanziellen Auf und Ab der letzten dreißig Jahre überwiegen die positiven Erfahrungen.

Genauso müssen wir uns eingestehen: Hätten wir damals nicht eine so intensive Erfahrung mit der Kraft Gottes gemacht und auch immer wieder Wege gefunden, diesen dynamischen christlichen Lebensstil aufrechtzuerhalten, wir hätten mit den Kindern nicht so ausgeglichen und liebevoll umgehen können. Vielleicht hätten wir diesen Lebensstil auch gar nicht durchgehalten und aufgeben müssen. Denn die Herausforderungen mit den Verhaltensauffälligkeiten bei einigen angenommenen Kindern waren immens. Wir kamen uns vor wie auf einem Missionsfeld und wollten unser Leben für die kleinen verletzten Geschöpfe hingeben.

Aber ich will auch gerne zugeben: Wir „brauchten" eine besondere, verrückte Aufgabe für unser Leben! So sind wir wohl „gestrickt" und Gott hat uns beim Schopf gepackt.

## Exkurs: Die 68er-Kulturrevolution –
## wer sie war und was sie wollte

Vorläufer der studentischen Kulturrevolution der 68er war die „Neue Linke", eine internationale weltanschaulich-politische Bewegung, die nach 1960 aus dem Überdruss an der liberalen Wohlstandsgesellschaft entstanden ist. Politisch umspannte sie ein Spektrum von Linksliberalen bis Neomarxisten. Ihre gemeinsame Strategie lautete: durch Kulturrevolution zur Gesellschaftsrevolution. Wesentlich für das Verständnis der Neuen Linken ist, dass sie die „radikale Umwandlung der Gesellschaftsordnung" nicht direkt anstrebte, sondern auf dem Umweg über den „kulturellen Apparat". Rudi Dutschke prägte damals den Begriff von dem „langen Marsch durch die Institutionen", d. h. in den Folgejahren wollten sie Schlüsselpositionen in Politik, Presse, Kultur und Bildungswesen einnehmen, um die „spätkapitalistische Klassengesellschaft" auszuwechseln gegen eine „freie Gesellschaft" mit „neuen emanzipierten Bürgern".

*Das Erziehungswesen – vor allem Schule und Elternhaus – bildete von Anfang an eine Schlüsselposition. So wurde die politische Pädagogik unter den Namen „Kritische Pädagogik" und „Emanzipatorische Pädagogik" propagiert mit dem Ziel, eine „emanzipierte Persönlichkeit" zu schaffen, frei von allen Abhängigkeiten dieser verdorbenen Gesellschaft und der eigenen Familie.*

Theodor Adorno, der verehrte Philosoph der 68er-Studentengeneration, war überzeugt, dass der autoritäre Erziehungsstil des deutschen Elternhauses, der Kinder zu willenlosem Gehorsam drillte, zur Machtübernahme Hitlers und zu den Auswüchsen des Dritten Reiches beigetragen hatte. In überfüllten Hörsälen lehrte er, dass die Weitergabe von traditionellen Werten in Deutschland unterbrochen werden müsse und zwar dadurch, dass die

Kindergeneration von ihren Eltern abgespalten wird.
Wenn Kinder nicht mehr auf ihre Eltern hören würden,
könnten sie ein neues, befreites Lebensbewusstsein
entwickeln.

Für die Neue Linke bestand zwischen der „autoritären"
Gesellschaftsordnung und dem Verbot sexueller
Betätigung für Kinder und Jugendliche ein ursächlicher
Zusammenhang. Zur Erziehung einer „emanzipierten
Persönlichkeit" gehörte für sie unbedingt die freie
sexuelle Betätigung von Kindern und Jugendlichen.
Der Sexualtrieb soll nicht verdrängt, sondern ausgelebt
werden. Deshalb wurden schon Kleinkinder zur
Masturbation ermutigt, Pubeszenten zum Geschlechts-
verkehr mit wechselnden Partnern. Die Propaganda der
Neuen Linken für die „sexuelle Befreiung" der Jugend
ist nur verständlich, wenn man sie als Bestandteil der
Strategie zur Erreichung ihrer politischen Ziele erkennt:
„Hebt die Unterdrückung der Sexualität auf, und die
Jugend wird für die Obrigkeit verloren sein."[3]

# Auf der Suche nach einer biblisch orientierten Pädagogik

Wir hatten also mittlerweile sechs kleine Kinder zu Hause mit all den damit verbundenen praktischen und erzieherischen Anforderungen und gleichzeitig musste ich das Studium an der Pädagogischen Hochschule zu Ende bringen ...

Kein Wunder also, dass mich alles, was mit Entwicklungspsychologie, Soziologie und Pädagogik zu tun hatte, brennend interessierte, und so belegte ich an Vorlesungen und Seminaren, was ich nur finden konnte. Claudia bekam dann zu Hause alles frisch aufgebrüht von mir erzählt und schüttelte manchmal den Kopf über die wirren Ideen, die ich ihr auftischte.

## Ein Studium voller Widersprüche

In den Vorlesungen nahm die Freudsche Entwicklungspsychologie, insbesondere die tiefenpsychologische Trauma-Theorie einen breiten Raum ein. Thesen wie: „Eine Persönlichkeit wird in den ersten Lebensjahren festgelegt" oder „Traumatische Erfahrungen der frühen Kindheit sind später kaum wieder gutzumachen" beunruhigten mich. Sofort musste ich an unsere angenommenen Kinder denken, die alle in ihren ersten Lebensmonaten dramatische emotionale Verlusterfahrungen durchgemacht hatten.

„Wird eine Persönlichkeit tatsächlich in den ersten Lebensjahren so unabänderlich festgelegt?", fragte ich mich. „Was können wir dann überhaupt noch bei unseren Kindern ausrichten?" Diesen Fragen wollte ich auf den Grund gehen.

Innerhalb von Freuds Trieblehre wurde die Sexualität als *die* überragende Triebkraft menschlichen Verhaltens gedeutet. Aus diesem Grunde wurde dann auch allgemein gefordert, dass Kinder für ihr gesundes Aufwachsen von früh an zu einer freien sexuellen Betätigung stimuliert werden müssten. Der Sexualtrieb dürfe nicht verdrängt, sondern müsse ausgelebt werden. Diese „wissenschaftliche" Lehrmeinung verwirrte mich zutiefst.

Der neueste Hit an der Hochschule war damals allerdings die antiautoritäre Erziehung. Intensiv studierten wir die Erziehungsprinzipien des Engländers A. S. Neill mit seinem Projekt der „Summerhill School", in der er mit seinen Internatsschülern ohne autoritäre Regeln zusammenleben wollte. Er deutete die „Trauma-Theorie" Freuds für sich um zu einer Strategie des „Gewährenlassens", so propagierte er: Je weniger Frustrationserfahrungen in der Kindheit, umso weniger Neurosen im Erwachsenenalter!

Wir diskutierten Thesen wie: „Wer sein Kind liebt, braucht es nicht zu erziehen" und analysierten den partnerschaftlichen Erziehungsstil von Rudolf Dreikurs, dessen These es war: „In einer Gesellschaft Gleichwertiger kann keiner über den anderen herrschen. Wie der Mann seine Macht über seine Frau verlor, so verloren beide Eltern ihre Macht über ihre Kinder."[4]

## Exkurs: Was wollte die „antiautoritäre Erziehung"?

„Man kann das Schlagwort ‚antiautoritäre Erziehung' im Sinne einer individualistischen Erziehungslehre interpretieren, wie sie durch liberale Intellektuelle von Rousseau über Ellen Key und Dewey bis zu A. S. Neill immer wieder vertreten worden ist. Dann ist damit ein Erziehungsziel gemeint, das man als ‚kindzentriert' oder ‚permissiv' (d. h. gewährenlassend) bezeichnen kann. Er lässt sich durch folgende Merkmale beschreiben: Gewährenlassen, weitestgehender Verzicht auf Führung und Gehorsamsforderung, auf Zwang, Strenge und Strafen, auf Versagungen und auf Einschränkungen der spontanen Aktivität, auf Leistungsforderungen und Leistungsbeurteilung, extreme Toleranz gegenüber Fehlverhalten,

*größtmögliche Rücksichtnahme auf Wünsche, Neigungen*
*und Beschäftigungen, welche die Educanden (die zu*
*Erziehenden) jeweils gerade für ihre ,Interessen' halten.*
*Diesem Stil liegt die Annahme zugrunde, dass die Kinder*
*zur Selbstregulierung ihrer Antriebe imstande seien.*
*Nach Seifert sollen die Kinder ohne Schuldgefühle,*
*also frei von dem, was wir heute Moral nennen, ...*
*aufwachsen können."*[5]

Etwas anders klangen die Thesen der Lerntheorien des amerikanischen *Behaviorismus*, die Milieu-Theorien von Watson und Skinner,
die neben der antiautoritären Erziehung an der Hochschule enthu-
siastisch gelehrt wurden. Eine mögliche Prägung durch Vererbung
war plötzlich kein Thema mehr, Umwelteinflüsse erklärten alles:
„Wenn Menschen asozial oder unglücklich sind, liegt die Schuld
immer bei deren Umwelt."[6]

Als ich dann in Veröffentlichungen von Watson Sätze las wie:
„Ich brauche keinen Gott; ich brauche nur die Fähigkeit, meinen
Lehmklumpen so zu formen wie der Töpfer den seinen"[7], wurde ich
bei aller Erziehungseuphorie, die mich in der Hochschule umgab,
doch misstrauisch. Und das klassische Beispiel der modernen Ver-
haltenstherapie, das uns immer wieder als vorbildlich erläutert
wurde, stieß mich nahezu ab: Ein von Watson durchgeführtes Ex-
periment mit dem neun Monate alten „Albert B.", dem durch Konditionierung Ängste (vor Ratten) beigebracht und dann wieder ab-
gewöhnt worden waren.

„So kann man doch nicht mit Menschen umgehen", sagte ich mir.
„Wo bleibt da seine Würde?" Der eine behauptet, der Mensch sei ein
Triebbündel, der andere glorifiziert ihn zu einem unschuldigen
guten Wesen, das zum Aufwachsen nur Liebe braucht und ein drit-
ter macht ihn zur Maschine, die je nach Input gut oder böse wird.
Richtig ärgerten mich die gotteslästerlichen Aussagen Watsons, der
seine psychologischen Fähigkeiten mit der Schöpferkraft Gottes
gleichsetzte.

Wie ist der Mensch wirklich beschaffen? Was ist denn nun der
richtige Erziehungsstil? Dies waren Fragen, die mich umtrieben.
Bei den verschiedenen Erziehungstheorien, die ich anfangs mit Be-

geisterung studierte, konnte ich keine Einheitlichkeit mehr finden, sondern entdeckte stattdessen immer mehr Widersprüche.

## Exkurs: Anlage oder Umwelt?

Wie ist denn nun das Verhältnis von Anlage zu Umwelteinflüssen bei der Persönlichkeitsentwicklung eines Kindes? Beides spielt eine Rolle – aber Psychologen haben sich immer darüber gestritten, was den größeren Einfluss ausübt. Je nach ideologischem Hintergrund wurde der Vererbung oder dem Milieu das Wort geredet. Bis zu der Zeit meines Studiums meinte man überwiegend, die Vererbung spiele die größere Rolle. In den 70er-Jahren behaupteten plötzlich viele Wissenschaftler – inspiriert durch die Psychologie des Behaviorismus und das Aufblühen des Neomarxismus – das Gegenteil: Die Persönlichkeit hinge weitgehend von der Umwelt, insbesondere von der Gesellschaft und ihrer Kultur ab. Dahinter steht wiederum der Glaube der Aufklärungszeit an die Macht der Erziehung, der zu dem sozialistischen Ideal der Gleichheit führte, von dem die meisten Professoren meiner Studienzeit überzeugt waren. Nach Rita Kohnstamm nehmen inzwischen „die meisten Psychologen einen mittleren Standpunkt zwischen den beiden extremen Auffassungen ein. Die Erbanlagen setzen die Grenzen der Lernmöglichkeiten, aber das Milieu entscheidet darüber, ob das Kind diese Grenzen erreicht oder nicht."
Die Anlage ist ein sehr wichtiges Element der Persönlichkeit. Aber wie sollte es anders sein: Auch die Umwelt, in der ein Kind aufwächst, bestimmt seinen Charakter, besonders, wenn man unter Umwelt nicht nur Familie versteht. Haben Menschen in verschiedenen Landstrichen nicht verschiedene Charaktereigenschaften? Sollten diese in einem warmen, sonnigen Land nicht anders aussehen als in einem Land von Sturm und Regen? Sollten sich Charakteranlagen in der gleichen Weise entwickeln,

gleichgültig ob Krieg oder Frieden ist? Das ist kaum anzunehmen."[8]

Die meisten Schulen der Entwicklungstheorien gehen davon aus, dass der Mensch entweder von inneren oder äußeren Faktoren oder durch das Zusammenwirken beider in seiner Persönlichkeit determiniert (festgelegt) wird. Das heißt, er ist lediglich das Ergebnis seiner Lebensumstände, ganz gleich, ob nun Anlage oder Umwelt eine größere Rolle spielen, und dadurch in seiner Entscheidungsfreiheit wie auch Verantwortlichkeit weitgehend eingeschränkt.

Dieser Ansicht widerspricht die Bibel: Der Mensch ist von Anfang an eine einzigartige Persönlichkeit. So wird es in Psalm 139,13–14 unmissverständlich ausgedrückt: „Denn du bildetest meine Nieren. Du wobst mich in meiner Mutter Leib. Ich preise dich darüber, dass ich auf eine erstaunliche, ausgezeichnete Weise gemacht bin." Wissenschaftlich gesprochen: Jeder Mensch wird mit einem von Gott gegebenen einmaligen „genetischen Paket" geboren. Dr. Mauerhofer[9] erarbeit treffend, dass der Mensch als Geschöpf Gottes im Bereich der Umwelteinflüsse nicht einem blinden Schicksal preisgegeben sei. Diese Einflüsse sind von Gott gelenkt beziehungsweise zugelassen und haben letztlich das Ziel, die eigene Persönlichkeit dem göttlichen Plan entsprechend zu formen. Als eine selbständige Persönlichkeit nach Geist, Seele und Leib kann der Mensch seinen Anlagen und den Umwelteinflüssen bewertend gegenüberstehen. Der Mensch, der durch Jesus zu einer persönlichen Gottesbeziehung gelangt ist, besitzt die Möglichkeit, seine Anlagen zu heiligen und alles, was aus der Umwelt auf ihn einstürmt, mit Gottes Hilfe zu verarbeiten. Deshalb kommen seine inneren Anlagen zu der von Gott gewollten Entfaltung. Die Umwelteinflüsse fördern ihn in seiner Persönlichkeitsentfaltung. Gott hat den Menschen so gemacht, dass er trotz der Beeinflussung und Einschränkung durch Anlage und Umwelt für sein Verhalten verantwortlich bleibt.

# Woher nur die richtigen Maßstäbe nehmen?

„Ihr habt gut reden, hier in der Hochschule", sagte ich mir. „Und was sollen wir zu Hause machen? Wir können mit unseren Kindern doch nicht einfach herumexperimentieren! Mal ein paar Monate nach der antiautoritären Methode und wenn sie uns zu wild werden sollten, wechseln wir zum Drill der klassischen Konditionierung? So geht es doch nicht!"

Zu dieser Zeit standen wir auf einsamem Posten. Die meisten meiner Kommilitonen hingen begeistert der antiautoritären beziehungsweise emanzipatorischen Erziehung nach. Viele christliche Familien um uns herum, von denen wir als absolute Jungeltern Hilfe und Beratung wünschten, übernahmen unreflektiert antiautoritäre Parolen und schalteten ab, wenn wir versuchten, diese zu hinterfragen. Die Euphorie war einfach zu groß. Jahre später konnten wir bei einigen Familien die bitteren Früchte dieses falschen Erziehungskonzeptes beobachten.

Claudia und mir wurde schmerzhaft klar: Jeder Tag im Zusammenleben mit unseren Kindern wird auf ihr Empfinden und Verhalten seine Auswirkungen haben. Man kann nicht einmal so und dann wieder anders auf sie einwirken. Denn der Bibelvers: „Was der Mensch sät, das wird er ernten!" (Galater 6,7), gilt auch für ein Familienleben.

„Woher sollen wir nur die Maßstäbe für den täglichen Umgang mit unseren Kindern nehmen? Welches Erziehungsmodell ist das richtige?", fragten wir uns verzweifelt.

Dr. Francis Schaeffer, der in der Schweiz ein Orientierungszentrum für Studenten leitete, half uns schließlich mit seinem Buch „Wie können wir denn leben?" weiter. Genau das war unsere Frage: „Wie sollen wir nur unser Leben gestalten?" In seiner Analyse der geistigen Entwicklung des Abendlandes erläuterte er immer wieder folgende These: „Wie der Mensch denkt, so ist er, so handelt er. Die persönliche Weltanschauung ist wie ein Sieb, durch das alle Informationen hindurch müssen." Vor allem prägten wir uns einen seiner Lehrsätze ein: Humanismus und christlicher Glaube lassen sich nicht miteinander vereinen![10] Fasziniert von seinen brillanten christlich-intellektuellen Ausführungen wurde uns plötzlich klar: Unser Menschenbild – also wie wir meinen, dass der Menschen beschaffen sei – wird konsequenterweise unseren Erziehungsstil beeinflussen!

# Welches Menschenbild ist das Richtige?

Sensibilisiert für die einzelnen Strömungen, begann ich die verschiedenen Erziehungstheorien meiner Hochschule nach ihrem jeweiligen Menschenbild zu hinterfragen. Bei Watson und Skinner war es ziemlich einfach: Bei ihnen wird der Mensch durch die Art und Weise, wie ihn die Umwelt beeinflusst hat, erklärt. Er hat keine Möglichkeit, sich frei zu entscheiden. Der englische Philosoph John Locke (1632–1704) hatte das schon vor langer Zeit folgendermaßen formuliert: „Der Mensch kann am Beginn seines Lebens mit einem ‚weißen Blatt Papier' verglichen werden, das erst durch die Sinneseindrücke, die er von anderen gewinnt, beschrieben wird."[11]

Sigmund Freud vertritt mit seinem Menschenbild einen ähnlichen Determinismus. Nach seiner Auffassung wird die Persönlichkeit eines Menschen lebensbestimmend von der Mutter-Kind-Beziehung während der ersten Lebensjahre geprägt. Danach ist erzieherisch nicht mehr viel zu machen.

Die antiautoritäre Erziehung berief sich mit ihrem Menschenbild auf den wohl bekanntesten Philosophen der Aufklärungszeit, Jean Jacques Rousseau (1712–1778). Rousseau brachte das Konzept der autonomen Freiheit des Menschen und forderte dementsprechend die Freiheit von Einschränkungen jeder Art. Einer seiner klassischen Aussprüche lautet: „Der Mensch wurde frei geboren, aber überall ist er in Ketten." So schrieb er: „Wenn der Mensch von Natur aus gut ist, wie ich – glaube ich – nachgewiesen habe, dann folgt daraus, dass er so bleibt, solange ihn nichts, das ihm fremd ist, verdirbt." In seinen „Konzessionen" zum Beispiel erklärt er, die beste Erziehung sei eigentlich die Abwesenheit von Erziehung.[12]

Diese und viele andere Thesen Rousseaus hatten Einfluss auf das Denken aller nachfolgenden Generationen. Die Werke Goethes, Schillers, Lessings, um nur einige zu nennen, wie auch die heutigen Bestrebungen der emanzipatorischen Pädagogik spiegeln sein Denken wider.

Rousseau formulierte schon im 17. Jahrhundert die Grundlagen der antiautoritären Erziehung: Der Mensch ist von Natur aus gut, folglich können die Ursachen für das Böse nicht im Kind liegen, sondern nur in den prägenden Einflüssen der Umwelt.

Nur die von Jean Piaget begründete kognitive Psychologie, eine weitere Strömung innerhalb der Pädagogik des 20. Jahrhunderts, gesteht dem Kind zu, dass es aktiv an seiner eigenen Lebensgestaltung beteiligt ist.

Das Menschenbild unserer Zeit, das auf den Überzeugungen des Humanismus aufbaut, lässt sich im Wesentlichen auf zwei Thesen zurückführen:

- Der Glaube an das Gute in der menschlichen Natur.
- Der Glaube an die Machbarkeit der Persönlichkeit.

Hinter der ersten These steht die Grundannahme: Der Mensch ist von Natur aus gut, aber er wird durch die schlechte Gesellschaft, in der er leben muss, verdorben.

Die zweite These besagt: Die Persönlichkeit hängt weitgehend vom Einfluss der Umwelt ab. Jeder Mensch ist nahezu unbegrenzt formbar.

„Man ist heute mehr denn je davon überzeugt, dass der Mensch, hervorgebracht durch die Evolution und eben nicht durch Gott, von Natur aus gut ist und in sich veranlagt ist, das Gute zu wollen. Er wird innerlich gleichsam angetrieben zum Guten."[13]

Vertreter der New Age Bewegung und der Esoterik behaupten heute sogar, dass der Mensch in der Lage sei, sich selbst zu vergöttlichen und die Kräfte in der Natur und des Kosmos bezwingen und sich nutzbar machen kann. „Die transpersonale Psychologie strebt die Befreiung des Menschen aus der Ambivalenz von gut und böse an. Dieses Ziel sucht man mit Hilfe von Psychotechniken wie Meditation, Yoga, Visualisierung u. a. zu erreichen."[14]

## Exkurs: Humanismus kontra christlicher Glaube

Bei Derek Prince fand ich folgende Definition des Humanismus: „‚Der Humanismus ist die Ablehnung irgendeiner Kraft oder irgendwelcher moralischer Werte, die dem Menschen übergeordnet sind ... Der Humanismus weist auch jegliche Form der Religion zurück zugunsten des Fortschritts der Menschheit aus eigener Kraft.'

Der Mensch setzt sich willentlich und bewusst an die Stelle Gottes und lehnt jede göttliche Instanz oder göttliche Maßstäbe über sich kategorisch ab! Wenn wir die Geschichte Europas studieren, dann müssen wir feststellen, dass kein anderer Einfluss den gesamten westlichen Kulturkreis so stark geprägt hat, wie die griechische (humanistische) Philosophie. Der griechische Philosoph Heraklit sagte: ‚Alles ist in Bewegung' und ‚Man kann nicht zweimal in den gleichen Fluss steigen.' In anderen Worten: Alles ist relativ – nichts ist absolut. Ein anderer Philosoph, Protagoras, sagte: ‚Der Mensch ist der Maßstab aller Dinge.' Dieser Satz ist das letztendliche Glaubensbekenntnis des Humanismus. Der Mensch entscheidet, was richtig und falsch, was gut und böse ist. Und: Was heute noch richtig ist, kann morgen schon falsch sein."[15]

Vergleicht man nun diese humanistischen Thesen mit den biblischen Aussagen, so lässt sich keine Übereinstimmung finden. Die Bibel warnt uns, diesen menschlichen Überlieferungen Glauben zu schenken: „Wie ihr nun Christus Jesus, den Herrn, angenommen habt, so wandelt in ihm, gewurzelt und auferbaut in ihm und befestigt im Glauben, wie ihr gelehrt worden seid ... Sehet zu, dass euch niemand beraube durch die Philosophie und leeren Betrug, nach der Überlieferung der Menschen, nach den Grundsätzen der Welt und nicht nach Christus." (Kolosser 2,6–8)

Für einen Humanisten gibt es keine absolut gültige Wahrheit. Die Entscheidung über richtiges Handeln in einer bestimmten Situation wird entweder durch einen Mehrheitsbeschluss herbeigeführt – man nennt dies situationsbedingte Ethik: wahr ist, was die Mehrheit als richtig ansieht, oder man findet den Wahrheitsbeschluss für eine neue Situation in einer Synthese (Verknüpfung einzelner Teile zu einem höheren Ganzen), aber auf keinen Fall in absoluten Maßstäben.

Als Christ lebe ich mit einem anderen, einem absoluten Wahrheitsbegriff, der sich im Wort Gottes und in der

Person Jesu offenbart: „Ich bin der Weg, die WAHRHEIT und das Leben, niemand kommt zum Vater als nur durch mich" behauptete Jesus von sich – für seine Zuhörer absolut provozierend. Auf die philosophisch humanistische Frage des Pilatus: „Was ist Wahrheit?", bei seinem Verhör vor der Kreuzigung antwortet Jesus: „Ich bin in die Welt gekommen, daß ich für die Wahrheit Zeugnis gebe!" (Johannes 18,37–38)

Während ein Humanist behauptet, es gäbe keine Autorität über dem Menschen, der Mensch hätte das Göttliche, das Gute ohnehin in sich selbst verborgen und brauche es nur zu entfalten, weiß ein Christ um seine Sündhaftigkeit und Erlösungsbedürftigkeit: „Es ist kein Unterschied: alle haben gesündigt und ermangeln der Herrlichkeit Gottes, so dass sie gerechtfertigt werden ohne Verdienst, durch seine Gnade, mittels der Erlösung, die in Christus Jesus ist" (Römer 3,23).

Ein Christ akzeptiert Gott als Schöpfer des Universums und als Autorität über seinem Leben.

Die Thesen des Humanismus führen zu einem Menschenbild und Erziehungsstil, die den Wahrheiten der Heiligen Schrift total widersprechen. Wir müssen uns entscheiden, welchem Menschenbild wir Glauben schenken wollen. Denn unser Menschenbild wird unseren Erziehungsstil prägen!

## Das biblische Menschenbild

Welche Auffassung vom Menschen vertritt nun die Bibel? Wie beschreibt Gottes Wort die Beschaffenheit des Menschen? Was hat die Bibel zur Kindererziehung zu sagen?

Nachdem unser Sinn durch das Studium des Humanismus und seine Auswirkungen geschärft worden war, studierten wir eingehend die Bibel und kamen zu der für uns damals überraschenden Entdeckung: Die Bibel vertritt ein völlig anderes Menschenbild!

Die Bibel spricht nicht von einem „guten Kern" im Menschen, sondern beschreibt ihn als eine Persönlichkeit, die voller innerer Spannungen steht. Obwohl der Mensch ursprünglich im Bilde Gottes als sein Gegenüber geschaffen wurde und jeder als einzigartige Persönlichkeit mit einem hohen Wert und Kreativität geboren wird (Psalm 139,13–14), lebt er doch seit dem Sündenfall im Machtbereich der Sünde und hat in sich einen Hang, Böses zu tun. Psalm 51,7 beschreibt den Zustand des gefallenen Menschen sehr treffend: „Siehe, ich bin in Schuld geboren, und meine Mutter hat mich in Sünden empfangen." Das hat nichts mit Vererbung zu tun, sondern beschreibt das existentielle Gefangensein des Menschen in Sünde und zwar von Anfang an. Ein Kind kommt nicht als unschuldiges Wesen zur Welt und wird erst dann aufgrund äußerer Einflüsse zum Sünder, nein, es ist es von Geburt an.

Paulus beschreibt die innere Zerrissenheit jedes Menschen, ob jung oder alt, im Römerbrief 7,18 folgendermaßen: „Wir wissen genau: In uns selbst, so wie wir der Sünde ausgeliefert sind, lebt nicht die Kraft zum Guten. Wir bringen es zwar fertig, uns das Gute vorzunehmen; aber wir sind zu schwach, es auszuführen."

Dieser Bibelvers könnte nett eingerahmt über jedem Kinderbettchen hängen. Unsere Kinder kennen die Familienregeln und im Grunde wollen sie sie auch einhalten, aber nein, sie schaffen es doch immer wieder nicht! In ihnen ist ein schmerzlicher Zwiespalt zwischen Zuneigung und Selbstsucht, genau so, wie es in diesem Bibeltext beschrieben ist.

Aber, Hand aufs Herz, der Vers könnte auch über manchem Ehebett hängen, stimmt's? Sie achten Ihren Ehepartner, wollen ihm auch etwas Gutes tun, und bringen es dann doch nicht fertig!

So ist es nun einmal mit uns Menschen! Paulus beschreibt das so: „... dieser Widerspruch zwischen meiner richtigen Einsicht und meinem falschen Handeln beweist, dass ich ein Gefangener der Sünde bin." Und er ruft verzweifelt aus: „Ich unglückseliger Mensch! Wer wird mich aus dieser Gefangenschaft befreien? Gott sei Dank! Durch unseren Herrn Jesus Christus sind wir bereits befreit." (Römer 7,23–25)

Dieser Kampf zwischen Gut und Böse spielt sich in jedem Menschen, egal welchen Alters, ab und kann letztlich nur durch die Erlösung und Hilfe Jesu Christi siegreich bestanden werden. Deshalb ist es uns christlichen Eltern so wichtig, dies unseren Kindern vorzuleben und dafür zu beten, dass sie einmal ihr Leben Jesus anvertrauen.

Das Wissen um diese biblischen Zusammenhänge kann entspannen. Eltern müssen sich dadurch nicht immer selbst die Schuld geben, wenn sich ihre Kinder unmöglich benehmen, und sie sehen ein, dass Regeln und Grenzen notwendig sind. Selbst wenn Eltern in der Erziehung ihrer Kinder immer alles richtig machen würden – was es natürlich nicht gibt –, kann ein Kind auch ohne Veranlassung ungezogen sein – einfach so, weil das menschliche Herz nun einmal böse ist.

Diese biblische Wahrheit ist für viele moderne Erziehungswissenschaftler eine Provokation, weil sie davon ausgehen, dass der Mensch von Natur aus gut oder zumindest „ein unbeschriebenes Blatt" sei und kindliches Verhalten lediglich das Ergebnis von Umwelteinflüssen darstellt. Die nichtchristlichen Philosophen und Ideologen aller Zeiten sind stets von einem zu optimistischen Menschenbild ausgegangen. Wir müssen uns nun einmal mit der Tatsache abfinden: Der Mensch ist weder gut noch machbar!

Ich müsste nicht bekennender Christ sein, um dieses realistische Menschenbild als das einzig wahre anzuerkennen. Die gesamte Weltgeschichte zeigt uns doch, dass der Mensch zwar immer wieder hochfliegende Ideen zu Einheit und zum Frieden untereinander entwickelt hat, diese aber kaum verwirklichen konnte. Dagegen beobachten wir täglich, dass dort, wo Menschen ohne Gesetz und Kontrolle leben, sie Schreckliches vollbringen. Denken wir nur an die Gräuel, die sich im Kosovo oder in Tschetschenien vollzogen haben.

Zur zweiten humanistischen These – dem Glauben an die Machbarkeit der Persönlichkeit – erwidert die Bibel ganz klar, dass der Mensch nicht beliebig formbar und somit lediglich ein Produkt der Umwelteinflüsse sei. Er ist vielmehr eine in sich aktive Persönlichkeit, mit der Fähigkeit, eigene Entscheidungen zu treffen. Wie schon in dem Exkurs „Anlage oder Umwelt" beschrieben, ist der Mensch von Gott „auf eine erstaunliche, ausgezeichnete Weise" geschaffen (Psalm 139,14) und kann mit Gottes Hilfe auf seine Anlagen und auf Unweltbedingungen Einfluss nehmen. Die Bibel betont, dass der Mensch einen eigenen, freien Willen hat, sein Leben eigenverantwortlich gestaltet und sich einmal vor Gott dafür verantworten muss (siehe Offenbarung 22,17; Römer 14,10–12; Hesekiel 18,20).

# Das richtige Menschenbild

| **Das Menschenbild unserer Zeit**<br>(humanistisches Menschenbild) | **Das realistische Menschenbild**<br>(biblisches Menschenbild) |
| --- | --- |
| **Der Glaube an das Gute in der menschlichen Natur:**<br>„Der Mensch ist von Natur aus gut, aber er wird durch die schlechte Umwelt verdorben." | Der Mensch befindet sich in einem Zustand konstanter innerer Spannung: Obwohl im Bilde Gottes geschaffen, steht er doch im Machtbereich der Sünde.<br>*Psalm 51,7; Römer 7,18–25* |
| **Der Glaube an die Machbarkeit der Persönlichkeit:**<br>„Der Mensch ist nahezu unbegrenzt formbar. Kindliches Verhalten ist das Ergebnis der Umwelteinflüsse." | Er ist ein aktives Wesen mit der Fähigkeit, eigene Entscheidungen zu treffen, für die er auch verantwortlich ist.<br>*Psalm 139,13–14; Römer 14, 10–12* |

# Eine Persönlichkeit nach Geist, Seele und Leib

Die Bibel spricht unmissverständlich klar über die personale Beschaffenheit des Menschen. Er ist eine Persönlichkeit aus Geist, Seele und Leib!

Studiert man in der Bibel die Aussagen zu diesen drei Begriffen, findet man folgende Zuordnung:

- Der *Leib* verschafft uns den Kontakt mit der äußeren, den Sinnen zugänglichen Welt durch seine fünf Wahrnehmungssinne: Tasten, Hören, Sehen, Riechen, Schmecken. Er wird als das „irdene Gefäß" (1. Korinther 5,7), oder auch der „äußere Mensch" (Vers 16) bezeichnet, der nach dem Tod zerfällt.

- Der *Seele* entspringt das Denken, Wollen und Empfinden, wie viele Bibelstellen deutlich machen: Psalm 103,2 zum Beispiel steht für das Denken, Hiob 6,7 für das Wollen, Johannes 12,27 für das Empfinden.
- Den menschlichen *Geist* zu erklären ist schwieriger. Mit ihm kommen wir mit Gott in Verbindung, können wir Gott erfassen und anbeten. Er ermöglicht uns den Umgang mit der unsichtbaren Welt, sowohl der göttlichen wie der satanischen (Römer 8,16; Markus 2,8; Johannes 4,23). Er will aber nicht nur mit dem Unsichtbaren in Kontakt treten, sondern auch mit Menschen, er inspiriert uns zu Kreativität und ist der Sitz unseres Gewissens.

Sowohl die *Seele* als auch der *Geist* sind unsterblich und Bezeichnungen für das *Ich* und somit für den ganzen Menschen. Die beiden Begriffe sind auch gemeint, wenn die Bibel vom *Herzen* des Menschen spricht. Das Herz muss bewahrt und behütet werden (Sprüche 4,23). Es ist der Ausgangspunkt der Sünde (Matthäus 15,19), aber es ist zugleich auch der Ausgangspunkt göttlicher Einwirkung (Apostelgeschichte 15,9). Das Ziel Gottes ist es, durch das Erlösungswerk Jesu das Herz des Menschen zu reinigen (Matthäus 5,8; Jakobus 4,8). Der Heilige Geist und Jesus wohnen im Herzen eines Gläubigen (Galater 4,6; 2. Korinther 1,22; Epheser 3,16).

Während für einen christlichen Erzieher die Förderung eines Kindes nach Geist, Seele und Leib einen hohen Stellenwert hat, finden wir in kaum einer psychologischen Richtung ein tieferes Verständnis von der Seele, geschweige denn vom Geist des Menschen, das dem der Bibel nahe käme. Selbst wenn diese Begriffe gebraucht werden, haben sie eine andere Bedeutung. Nach Freud hat der Mensch keine höhere Daseinsbestimmung. Er lebt im Spannungsfeld seines Sexualtriebes, festgelegt durch das Unbewusste und durch seine Kindheitserlebnisse. Im Behaviorismus werden Begriffe wie Seele und Geist überhaupt nicht thematisiert, da sie nicht beobachtbar und messbar sind.

Die humanistische Psychologie interessiert sich für das Seelenleben des Menschen, aber in typisch humanistischer Weise wird die Seele als ein Teil gesehen, der mit dem Menschen stirbt. Bei der transpersonalen Psychologie wird die Seele als ein Teil des Kosmos gesehen, der dem Menschen die Möglichkeit gibt, mit seinen Mitmenschen, der Natur und dem Kosmos zu einer Ganzheit zu verschmelzen.

Die Bibel betont jedoch, dass der Mensch sich von Gott heiligen lassen und nach „Geist und Seele und Leib untadelig bewahrt" bleiben soll (1. Thessalonicher 5,23). Demnach werden christliche Eltern großen Wert darauf legen, den Geist, die Seele und den Körper ihres Kindes zu bewahren und zu fördern.

Die Förderung des leiblichen Wohls ist am offensichtlichsten. In der Regel sind Eltern wachsam darauf bedacht, ihr Baby mit eiweiß- und vitaminreicher Kost zu versorgen, damit es prächtig gedeiht. Sie achten auf genügend Bewegung und halten die ärztlichen Vorsorgetermine ein.

Aber wie sieht es mit dem Bewahren und der Förderung der kindlichen Seele aus, das heißt mit allem, was mit dem richtigen Denken, mit guten Entscheidungen und dem Gefühlsleben zu tun hat? Ein Kind benötigt von Anfang an eine tiefe seelische Geborgenheit, die sich in Urvertrauen und später in einem guten Selbstvertrauen äußert. Dies führt dann zu guten eigenen Entscheidungen. Zu einer guten kognitiven Entwicklung gehören unter anderem altersgerechtes anregendes Spielzeug, Bilderbücher angucken, vorlesen und miteinander reden, reden, reden.

Eltern müssen Kinder auch vor zerstörerischen seelischen Einflüssen bewahren wie zum Beispiel zu frühem und zu langem Fernsehkonsum. Außerdem sollten Verlust- und Angsterlebnisse aufgearbeitet und ins Gebet gebracht werden.

Und wie kann die Förderung des kindlichen Geistes aussehen? Indem man ein Kind unter den Segen Gottes stellt und den kindlichen Alltag bewusst mit Gott in Zusammenhang bringt. Schon während der Schwangerschaft, erst recht von der Geburt an, ist das Baby für Zuwendung, Eindrücke und geistliche Erfahrungen aus seiner Umwelt voll aufnahmefähig. Der Geist eines Babys sehnt sich förmlich danach, mit Gott in Verbindung zu treten. Wenn Hände liebevoll und segnend auf den dicken Mutterbauch gelegt werden, spürt das Kind, dass es bei den Eltern und Gott willkommen ist. Und das setzt sich fort, wenn man miteinander betet, singt und biblische Wahrheiten weitergibt.

Der Geist eines kleinen Kindes ist aber auch auf Beziehungen ausgerichtet und will mit Menschen um sich herum in Kontakt treten. Ein Mensch mit einem wachen Geist ist in der Lage, ausdauernde Beziehungen zu pflegen, aufrichtig Anteil zu nehmen und tiefe Gespräche zu führen. Wird einem Kleinkind die *Nestwärme* entzogen, erfährt es nicht genügend Zuwendung, Gespräche und Kuschelzeiten, dann schläft die ursprüngliche Wachsamkeit des Geistes langsam ein, er verkümmert regelrecht und dieser Mensch wird zunehmend beziehungsgestört und einsam, manchmal *funktioniert* er nur, unfähig tiefe Beziehungen aufzubauen und zu erhalten. Die Seelsorger John und Paula Sandford[16] sprechen diesbezüglich von einem „schlummernden Geist": Wenn der Geist im Kind nicht genährt und gepflegt wird, kann er sich nicht entfalten und schlummert schließlich ein.

Das betrifft in gleicher Weise die Kreativität eines Kindes und seine Gewissensbildung. Kleine Kinder sind ohnehin kreativ und wollen die Welt entdecken: Alles wird betastet, in den Mund genommen, es werden Geräusche gemacht, es wird gematscht, gemalt und gebastelt. Das ist manchen Erwachsenen lästig oder macht ihnen zu viel Arbeit. Aber es ist nur gut, wenn der kindlichen Kreativität Raum gelassen und so der kindliche Geist inspiriert wird.

Und wenn das Gewissen Teil des menschlichen Geistes ist, müssen Eltern auch das Gewissen ihres Kindes schulen. Ein gewissenhaftes Verhalten muss altersentsprechend eingeübt und erlernt werden. Dabei sollten Kinder unterscheiden lernen, was gut und was schlecht für ihr Leben ist. Der Maßstab dafür ist das Wort Gottes, das wir einem Kind reifegemäß erklären. So lernt ein Kind, dass es sich wohler fühlt – ein gutes Gewissen hat –, wenn es sich zum Beispiel für ein ungehöriges Verhalten entschuldigt oder etwas Gestohlenes freiwillig zurückgibt.

Ein gut funktionierendes Gewissen meldet sich vor einer Tat. Es bewahrt den Menschen dadurch vor Schaden. Ein reifes Gewissen fühlt auch die Enttäuschung des Geschädigten und kennt echte Reue. Ein schlecht ausgebildetes Gewissen dagegen meldet sich in der Regel erst nach einer Tat. Die Reue ist vielfach ichzentriert, das heißt, dem Kind tut es lediglich Leid, dass es bestraft wird und kann sich nur schwer in die Situation des Geschädigten hineinversetzen.

Ein reifes Gewissen kann sich letztlich nur innerhalb warmherziger menschlicher Beziehungen und auf der Basis eines wachen persönlichen Geistes entwickeln.

Die Aufforderung der Bibel an uns Eltern, auf ein „untadeliges Bewahren" des kindlichen Geistes, wie auch der Seele und des Leibes zu achten, ist von höchster Bedeutung für ein christliches Familienleben!

# Die biblischen Säulen der Kindererziehung

## Der Schlüssel: Gott als Vater erkennen!

 Jeden Morgen neu die sechs quirligen Kleinkinder um die Beine – von den Nächten ganz zu schweigen, obwohl sie bei der großen Zahl doch noch relativ ruhig verliefen. Aber was stellten sie nicht alles an, was wollten sie nicht alles wissen, was hingen sie nicht ständig an einem herum?!

Wenn Claudia und ich Zuflucht im Gebet suchten, fragten wir erschöpft: „Gott, wie können wir diesen kleinen vernachlässigten und verletzten Geschöpfen, die du uns anvertraut hast, nur die richtige Geborgenheit und Lenkung geben? Ihre Bedürfnisse sind ja wie ein Fass ohne Boden!"

Über das richtige Menschenbild und seine erzieherischen Folgen Bescheid zu wissen, ist ja wirklich wertvoll. Aber es ist doch mehr Theorie als Praxis ...

Worauf kommt es wirklich an in der Erziehung und wie kann man diese Dinge umsetzen?

Uns war es so, als würde Gott versuchen in unsere Gedanken zu sprechen: „Hört mal, eigentlich ist es ganz einfach. Versteht doch, ich möchte den Menschen ein Vater sein. Meine Geschöpfe sind meine Kinder. So, wie ich mit euch, meinen Kindern umgehe, euch liebe, umsorge und erziehe, so sollt ihr lernen, mit euren Kindern umzugehen."

Das war für mich als frisch gebackener Erziehungswissenschaftler ein echtes geistliches „Aha-Erlebnis"! Also nahmen wir uns eine Konkordanz und suchten die Bibelstellen heraus, die von Gottes Vaterschaft sprachen. Das Studium berührte und verwandelte unser Herz. Ein Ausspruch Gottes aus Jeremia 3,19 sprach uns ganz besonders an: „Und ich hatte doch gedacht: Wie will ich dich unter die

Söhne aufnehmen und dir ein köstliches Land geben, ein Erbteil, das die herrlichste Zierde der Nation ist! *Und ich meinte, ihr würdet mir zurufen: ,Mein Vater!' und* würdet euch nicht mehr von mir abwenden."

Dieser Vers zeigt uns die Haltung Gottes und sein Vaterherz besonders deutlich. Durch die gesamte Menschheitsgeschichte hindurch wurde Gott verkannt. Die Beziehung zu seinen Geschöpfen hatte er sich anders vorgestellt, sich vielmehr gewünscht, dass sie ihn „Vater" nennen würden und doch wurde er damals wie heute immer wieder verkannt und abgelehnt. Als Jesus auf der Erde war, hatte er sich so sehr bemüht, uns Gott als guten Vater vertraut zu machen. Mehr als neunzig Mal lesen wir im Johannesevangelium, wie Jesus von „seinem" Vater spricht, zum Beispiel: „Der Sohn kann von sich selbst nichts tun, außer was er den Vater tun sieht; denn was der tut, das tut ebenso der Sohn. Denn der Vater hat den Sohn lieb und zeigt ihm alles, was er selbst tut ..." (Johannes 5,19). Als die Jünger ihn fragen, wie sie denn nun beten sollten, antwortet Jesus: „So sollt ihr beten: Unser Vater, der du bist im Himmel ..." (Matthäus 6,9)

## Exkurs: Und was ist mit Mutter-Gott

Auch wenn wir in diesem Kapitel die Vaterschaft Gottes stark in den Vordergrund stellen, ist doch theologisch klar, dass Gott in seinem Wesen nicht männlich ist, denn er ist weder Mann noch Frau (das sind begrenzte Kategorien), sondern er ist ein ewiges, unbegrenztes Urbild des Menschen, und zwar der Frau ebenso wie des Mannes. Gott schuf den Menschen „als Mann und Frau" (1. Mose 1,27) nach seinem Bild, das heißt, dass der für uns unsichtbare Gott in Frau und Mann einen Ausdruck von sich geschaffen hat. Wenn wir Gott Vater nennen dürfen, ist er uns doch ebenso Mutter: „,... Auf den Armen werdet ihr getragen und auf den Knien geliebkost werden. Wie einen, den seine Mutter tröstet, so will ich euch trösten." (Jesaja 66,12–13; siehe auch Jesaja 49,15;

Psalm 131,2). In den zentralen Offenbarungstexten wird also das Mütterliche an Gott nicht unterdrückt; es gehört in einer freilich verborgenen Weise zu dem vollkommenen Gottesbild hinzu.[17]

Doch Tatsache ist: Die Vaterschaft Gottes wird in der Bibel wesentlich stärker betont als seine Mutterschaft! Daraus könnte man schließen, dass es lediglich die Widerspiegelung einer patriarchalischen Kultur sei oder aber, dass der erhabene, unsichtbare Gott von seinen Geschöpfen tatsächlich als ein guter, gerechter Vater verstanden werden möchte – quasi als heilende Antwort auf die Folgen einer „vaterlosen Gesellschaft". Was nicht heißt, dass die Verletzungen, die durch eine unzulängliche oder abwesende Mutter angerichtet wurden, nicht genauso von Gott geheilt werden können.

# Der beste Mentor für eine Elternschaft

Uns wurde klar, Gott ist der beste Mentor für eine gelingende Elternschaft. Je besser wir ihn als Vater kennen, von seiner Liebe erfasst sind, uns seiner Führung und Korrektur öffnen, umso umsichtiger können wir dann auch mit unseren Kindern umgehen. Ergriffen von dieser Erkenntnis beteten wir Tag für Tag über lange Zeit: „Gott, lass uns dein Vaterherz besser erkennen und hilf uns, unsere Kinder mit deinen Augen zu sehen und ihnen so zu begegnen."

Wir wussten, das ist der Schlüssel: Je mehr wir von Gottes Vaterherzen verstehen und in uns aufnehmen und je stärker wir den Kindern in seiner Art begegnen können, umso besser wird uns dann auch unsere Elternschaft gelingen.

Das ist ein Prozess, in den man sich hineinbegibt und in dem man dann anschließend jahrelang, ja eigentlich ein Leben lang, am Lernen ist.

Nun liegt es auf der Hand, dass das eigene Gottesbild stark von den eigenen Elternerfahrungen geprägt ist. Vielen Menschen fällt es schwer, Gott ihren „Vater" zu nennen. Sie sagen „Herr" oder „Gott" und sie beten zu Jesus, doch die Anrede „Vater" oder gar

„Papa" kommt ihnen nur schwer über die Lippen. Hinter dieser Art des Zugangs zu Gott verbirgt sich die tief sitzende Angst: „Wenn Gott wie ein Vater ist, ist er dann etwa so, wie meiner war? So einen will ich nicht wieder!"

Wer einen launischen, unbeherrschten oder schwachen und häufig abwesenden Vater (oder so eine Mutter) erlebt hat und dadurch verletzt worden ist, wird sich Gott kaum als gütigen und gerechten Vater vorstellen können, der stets erreichbar ist, sondern eher als einen unnahbar fernen, einen, der keine Zeit und kein Interesse an den Belangen seiner Kinder hat.

Negative Prägungen können einen Menschen das ganze Leben lang hartnäckig verfolgen und davon abhalten, Gott – seinen Vater – wirklich kennen zu lernen. Und nicht zuletzt ist auch sein Gottesbild somit von seinen Eltern beeinflusst worden. Ein Schritt, den *wahren* Vater zu erkennen, ist, sich mit seiner Wesensart zu befassen, wie sie in der Bibel geoffenbart ist und wie Jesus seinen Vater beschrieben hat. Mit Hilfe der Konkordanz die Bibelverse zum Begriff „Vater" betend durchzugehen, ist sicher ein sehr gründlicher Weg.

Wir sind dabei auf drei grundlegende Umgangsformen Gottes mit uns Menschen gestoßen:
- Gottes bedingungslose Liebe,
- seine Unterweisung
- und auch seine Konsequenz.

# Gottes Liebe

In der Bibel lesen Sie, dass Gott die vollkommene Liebe ist: „Gott ist Liebe. Hierin ist die Liebe Gottes zu uns geoffenbart worden, dass Gott seinen eingeborenen Sohn in die Welt gesandt hat, damit wir durch ihn leben möchten" (1. Johannes 4,8–9).

Gott will Sie als sein Kind annehmen und Ihnen tiefe Geborgenheit schenken. Mit seiner Liebe erfüllt zu sein, vermittelt Ihnen in herausfordernden Situationen Zuversicht und Standhaftigkeit, „denn die Liebe Gottes ist ausgegossen in unsere Herzen durch den Heiligen Geist, welcher uns gegeben worden ist" (Römer 5,5). Sie schenkt Ihnen die Urgeborgenheit und Sinnfülle, die jeder Mensch zu einer gesunden Entwicklung braucht, sodass Sie mit David singen können: „Von hinten und von vorn hast du mich eingeschlossen und deine Hand auf mich gelegt" (Psalm 139,5).

Hier schlägt das Vaterherz Gottes: Er ist kein Gott der Ferne. Sie sind ihm nicht egal. Er sieht Ihr Leben, nimmt persönlichen Anteil an Ihnen und möchte Sie in eine immer tiefere Liebesbeziehung zu ihm führen.

## Gottes Unterweisung

Ein weiterer Wesenszug Gottes ist der, Sie zu unterweisen, Sie auf Ihrem Lebensweg zu leiten und zu begleiten.

Psalm 32 gibt Ihnen einen guten Einblick in die väterliche Erziehungsstrategie Gottes: „Ich will dich unterweisen und dir den Weg zeigen, den du wandeln sollst; ich will dich beraten, mein Auge auf dich richtend" (Vers 8).

Gott sichert Ihnen seine Nähe, Liebe und Zuwendung zu. Sie sind niemals allein, seine Vateraugen sind immer schützend auf Sie gerichtet und Sie dürfen sich dieser Liebe und Zuwendung in jeder Situation sicher sein.

Es gibt für Sie den Weg, „den du gehen sollst" – wie die Bibel es ausdrückt, den Plan Gottes für Ihr Leben. Gott will mit Ihnen darüber sprechen und Sie in Ihren Entscheidungen beraten. Das tut er durch sein Wort, die Bibel, aber auch durch das persönliche Reden des Heiligen Geistes.

## Gottes Konsequenz

Da unser himmlischer Vater aber auch weiß, dass wir uns manchmal so störrisch wie die Esel benehmen, lautet der folgende Vers: „Seid nicht wie Rosse und Maultiere, ohne Verstand, welchen man Zaum und Gebiss anlegen muss, da sie sonst nicht zu dir nahen" (Psalm 32,9). Weil Gott uns liebt und weiß, was gut für unser Leben ist, legt er uns auch „Zaum und Zügel" an, das heißt, dass er konsequent und züchtigend eingreift, um uns auf den rechten Weg zurückzubringen.

Gerade wenn Sie von Ihren Eltern enttäuscht und verletzt worden sind und deshalb ein falsches Vaterbild Gottes in sich tragen, ist es wichtig, dass Sie die in der Bibel geoffenbarten Wesenszüge Gottes immer wieder intensiv auf sich wirken lassen: seine Liebe, seine Barmherzigkeit und Vergebung, seine Treue und Heiligkeit, aber auch seine Unterweisung und Korrektur.

Ich erinnere mich an einen Urlaub mit unseren Kindern in Schweden. An einem einsamen See hatten wir unser Lager mit Wohnwagen und Zelten aufgebaut. Jeden Vormittag hatte einer von uns beiden das Privileg, etwas Zeit allein zu verbringen, während der andere sich um die Kinder kümmerte. Also schlenderte ich eines Morgens am Strand entlang und bemühte mich, irgendwie mit Gott ins Gespräch zu kommen. Ich war etwas mutlos, denn meine ersten „Versuche", Gott als meinen Vater besser kennen zu lernen, schienen nicht von großem Erfolg gekrönt zu sein. Da hatte ich ein Schlüsselerlebnis in Form eines gedanklichen Dialogs: „Eberhard, du bist mein Kind", hörte ich Gott zu mir sagen.

„Ja", erwiderte ich, „das weiß ich." (Beinahe hätte ich gesagt: Das ist doch nichts Neues.)

„Eberhard, du bist mein Sohn." Bei dieser Bezeichnung wurde mir etwas mulmiger, und den folgenden Satz wollte ich erst recht nicht zulassen, denn ich dachte, er stünde nur Jesus zu. „Eberhard, du bist mein geliebter Sohn!"

Ich ließ diesen Zuspruch aber dennoch auf mich wirken und spürte, wie der „Geist der Sohnschaft" in mir aufbrach und ich von Herzen empfinden und aussprechen konnte: „Abba, lieber Vater!"

Ein ähnliches Erlebnis wünsche ich Ihnen, damit Sie den „wahren" Vater besser kennen lernen können.

Letztlich sehnt sich jeder Mensch nach dem väterlichen Zuspruch: „Du bist mein geliebter Sohn/meine geliebte Tochter. An dir habe ich Freude" (Lukas 3, 22), wie ihn Jesus von seinem Vater zu Beginn seines Dienstes bekommen hat. Auch Sie brauchen diesen Zuspruch für Ihre Aufgabe als Mutter oder Vater!

Die wichtigste Quelle unserer Persönlichkeitsveränderung und auch unseres Durchhaltevermögens führen wir auf unsere stets wachsende Beziehung zu Gott unserem Vater zurück. Es liegt auf der Hand: Je intensiver man selbst von der Liebe und Nähe Gottes ergriffen ist, umso stärker kann man diese Liebe an seine Kinder weitergeben. Je besser man das Wort Gottes kennt, eigene Werte und Lebensziele aus ihm ableitet und verinnerlicht, umso klarer kann man seine Kinder unterweisen und ihnen tragende Werte mitgeben. Wenn man selbst aufrichtig lebt und bereit ist, sich in die Erziehung von Gott-Vater zu begeben, lernt man dabei, Gottes Art von Vater- beziehungsweise Mutterschaft selber mit seinen Kindern zu leben. Mit Gott-Vater zu leben, ist tatsächlich das beste Mentor-Prinzip für gute Elternschaft.

# Drei Bausteine der Kindererziehung

Wenn wir uns Gottes Vaterschaft als Vorbild nehmen und uns wiederum die Konsequenzen vor Augen malen, die das biblische Menschenbild mit sich bringt, kommen wir zu genau den gleichen drei Bausteinen innerhalb der Kindererziehung.

Das humanistische Menschenbild verhält sich zum biblischen Menschenbild jedoch wie These zu Antithese. Glaube ich tatsächlich an den „guten Kern" im Menschen, dann ist meine vorrangigste Aufgabe, dem Kind ein optimales Umfeld zu schaffen: Ich sollte ihm also so viel Freiheit wie nur möglich zugestehen, müsste es vor allen möglichen Frustrationen und Traumata bewahren, bräuchte ihm keine Regeln zu nennen oder gar Grenzen zu setzen, denn der *gute Kern* wird sich unter diesen guten Bedingungen optimal entwickeln.

Was aber ist, wenn die Bibel Recht hat und der Mensch in sich einen Hang zum Bösen und zur Macht über andere trägt? Wie muss man dann mit einem Kind umgehen?

## Emotionale Sicherheit

So ein kleines Wesen braucht eine Menge Liebe, Halt und Geborgenheit, um mit seinen inneren Spannungen zur Ruhe zu kommen. Bei einem Kleinkind kann man dies noch am ursprünglichsten beobachten. Wiegt man es nämlich bei einem Wutanfall fest im Arm, liebkost es dabei und flüstert: „Mein kleiner Schatz, du brauchst jetzt wohl eine ganz große Portion Liebe", kommt es manchmal eher zur Ruhe als würde man es ignorieren oder gar strafen. Dabei geben wir uns aber nicht dem Trugschluss hin, dass bei genügend Liebe und Verständnis Erziehung überflüssig wird.

Die eigene Familie zu einer *Oase emotionaler Geborgenheit* zu machen, zu der die Kinder gerne nach Hause kommen, und einen Abglanz von *Gottes bedingungsloser Liebe* hineinzugeben, gehört mit zu dem Schwersten in der heutigen modernen, von Stress und Egoismus gezeichneten Gesellschaft. Zeit, Zuwendung und zündende Ideen sind die Schlüsselworte! Deshalb sind wir in unseren Veröffentlichungen nicht müde geworden, gerade diesbezüglich immer wieder Anregungen zu geben.

## Unterweisung und Familienregeln

Ein Erzieher, der meint, dass der Mensch im Grunde gut sei, wird auf Unterweisung und das Nennen und Einüben von Familienregeln keinen großen Wert legen. Er ist vielmehr davon überzeugt, dass das Kind von sich aus den Weg zur Lösung seiner Probleme finden wird. Das ist auch der Kern der klienten-zentrierten Gesprächstherapie, wie sie von Rogers veröffentlicht und von Thomas Gordon in seinem Buch „Familienkonferenz" auf die normale Familiensituation übertragen wurde. Thomas Gordon sieht in der Methode des „aktiven Zuhörens", die er in seinem „elterlichen Effektivitätstraining" anbietet, einen Weg, bei dem „ein für alle Mal auf jede Art von Bestrafung verzichtet werden kann"[18]. Für Christen ist bezüglich Gordon ganz besonders wichtig, dass er in seinen Veröffentlichungen streng verurteilt, wenn Eltern ihre Kinder religiös beeinflussen. Dahinter steht eindeutig das Denken des humanistischen Menschenbildes.

Wenn jemand allerdings der Theorie von der Allmacht der Erziehung anhängt und wie der Behaviorist Watson davon überzeugt ist, das *Material Mensch* in eine beliebige Richtung erziehen zu können, dann wird er einen ausgeklügelten Drill von Anreiz und Strafen anwenden. Psychologen nennen dies natürlich etwas vornehmer positive und negative Bekräftigung.

Die Bibel dagegen betont immer wieder, dass Eltern ihre Kinder unterweisen und vor dem Bösen warnen sollen. Das Buch der Sprüche ist voll davon, zum Beispiel lesen wir in Kapitel 1,8: „Mein Sohn, denke immer an die Ermahnungen deines Vaters, und habe die Weisung deiner Mutter stets vor Augen" (Hoffnung für alle). Außerdem sollen wir sie die Gebote Gottes lehren und gemeinsam mit ihnen einen christlichen Lebensstil einüben: „Der Herr ist unser Gott, der Herr allein. Ihr sollt ihn von Herzen lieben, mit ganzer Hingabe und mit all eurer Kraft. Bewahre die Worte im Herzen, die ich heute sage! Prägt sie euren Kindern ein! Redet immer und überall davon, ob ihr zu Hause oder unterwegs seid, ob ihr euch schlafen legt oder aufsteht" (5. Mose 6,4–7, Hoffnung für alle).

Nach dem biblischen Menschenbild ist dieses Gebot völlig einsichtig und logisch, einem Humanisten sträuben sich dagegen die Nackenhaare. Wir wissen, dass der Mensch in sich einen Hang zum Negativen hat, darum benötigt ein Kind klare Regeln und ein ständiges Einüben dessen, was richtig ist. Es wäre eine Illusion zu meinen, es könne seinen Weg alleine finden.

Ein einfaches Beispiel zeigt das Gegenteil: Eltern müssen sich ganz offensichtlich keine besondere Mühe geben, wenn es um Ausdrücke aus der Gossensprache geht. Die schnappt ein Kindergartenkind schnell auf und beherrscht sie in Windeseile. Aber ein höfliches „Dankeschön" oder „Bitte" über die Lippen zu bringen, kann ein langes Training erfordern. Also ein wirklich einfacher Hinweis darauf, wie stark der Hang zum Negativen im menschlichen Herzen verankert ist.

In den Sprüchen 22,6 lesen wir die interessante Aufforderung: „Erziehe den Knaben seinem Weg gemäß, er wird nicht davon weichen, auch wenn er älter wird." Nach der Elberfelder Bibelübersetzung klingt der Satz etwas altertümlich, birgt jedoch ganz wichtige pädagogische Aussagen.

„Erziehe" (hebr. *charak*) hat die Bedeutung von *trainieren, Anweisungen geben.*

„Seinem Weg gemäß" muss verstanden werden im Sinne von *seiner Neigung/seinem Charakter entsprechend.*

Genauer übersetzt muss man den Vers also folgendermaßen lesen. „Trainiere ein Kind seinen Neigungen/seinen Charakterzügen gemäß, es wird nicht davon weichen, auch wenn es älter wird."

Neben der uns nun schon vertrauten Aufforderung, ein Kind zu trainieren, haben wir in diesem Vers einen ganz starken Hinweis auf die Einzigartigkeit eines jeden Menschen und darauf, dass Eltern unbedingt die Stärken und Schwächen ihres Kindes kennen sollten, um sie in der Erziehung gebührend berücksichtigen zu können. Das „DISG"-Persönlichkeitsprofil[19] ist uns deshalb zu einer enormen Hilfe geworden, um unsere Kinder in ihrer Einzigartigkeit zu erkennen und zu fördern.

„... es wird nicht davon weichen, auch wenn es älter wird" darf jedoch nicht als eine Garantie gesehen werden dafür, dass ein gut erzogenes Kind immer auf dem „rechten Weg" bleiben wird. Denn die Weisheitssprüche des Alten Testamentes nennen die Absichten Gottes, wenn sich jemand an seine Ordnungen hält, geben aber keine Prognosen für die Zukunft eines Menschen.

## Mit liebevoller Autorität Grenzen setzen

Dem Menschenbild der Bibel folgend werden christliche Eltern da, wo andere fordern, elterliche Autorität abzubauen, erst recht wahre Autorität entsprechend der Wesensart und Liebe Gottes ausüben. Denn es besteht kein Zweifel daran, dass ein Kind Lenkung und vernünftige Grenzen benötigt. Würde es aber *grenzenlos* aufwachsen, wäre es nicht in der Lage mit seinen inneren Spannungen fertig zu werden und den Hang zum Bösen einzudämmen.

Es ist erfreulich zu beobachten, dass inzwischen immer mehr ehemalige Pädagogen der 68er Generation ihre antiautoritäre Haltung korrigieren und eingestehen, dass es in der Kindererziehung doch nicht ohne Grenzen geht. Nur haben die letzten Jahre eine riesige Unsicherheit im Umgang mit vernünftigen Konsequenzen hinterlassen. Die meisten Eltern wissen einfach nicht, wie sie Grenzen setzen sollen, und wenn sie es dann doch tun, plagt sie hinterher häufig ein fürchterlich schlechtes Gewissen.

Die tiefe Überzeugung, dass das biblische Menschenbild richtig ist, wird Eltern jedoch dabei helfen, nach geeigneten und angemessenen Konsequenzen zu suchen und innerlich auch fest dahinter zu stehen.

Auf unseren Seminaren werden wir nicht müde, Eltern immer wieder humorvoll zu erklären, dass alle Kinder hin und wieder ungehorsam sind. So ist der Mensch nun einmal beschaffen! Und dann erarbeiten wir mit den Eltern ein Aktionsmuster, mit dem sie ihr Kind, wenn es nötig ist, konsequent, aber doch liebevoll disziplinieren können.

Gerade weil der Begriff „Autorität" jahrzehntelang verpönt und niedergemacht wurde, ist es wichtig, sich neu und vorurteilsfrei mit echter Autorität zu befassen. Uns gefällt in diesem Zusammenhang die folgende Definition des Begriffs „Autorität": „Unter Autorität versteht man das Ansehen und den maßgebenden Einfluss einer Person auf eine andere. Erziehung misslingt, wenn Eltern ihre Autorität lediglich einfordern. Autorität der Eltern entsteht, wenn ein Kind die Kompetenz des Erwachsenen freiwillig akzeptiert und respektiert."

In den letzten Jahren haben wir zwei verschiedene Arten von Autorität unterscheiden gelernt. Eltern, die ihre Autorität lediglich einfordern, operieren mit *Macht-Autorität*. Eltern, die authentisch leben und auf gegenseitige Achtung in der Familie Wert legen, verwirklichen *Beziehungs-Autorität*. Und von diesem zweiten Begriff sind wir fasziniert. So ist Jesus mit seinen Jüngern umgegangen und so wünschen wir es uns, dass unsere Kinder später einmal von unserer Familie sprechen. Beim Erziehen unserer ersten Kindergeneration ist uns das leider weniger gut gelungen als bei unseren jüngeren Kindern.

*Macht-Autorität* baut auf äußere Kontrolle und Furcht vor Strafe auf. Mit zunehmendem Alter des Kindes nehmen jedoch sowohl die Kontrollmöglichkeiten der Eltern als auch die Angst der Kinder vor Strafe ab. Studien über *autoritäre* Eltern zeigen, dass sie zwar kurzzeitige Anpassung erreichen, aber langfristig Rebellion und Ablehnung erfahren.

Wir haben uns jedoch vorgenommen, *Beziehungs-Autorität* auszuüben! Sie stärkt das Selbstwertgefühl und führt zu einem eigenverantwortlichen Leben. Das Kind gehorcht dadurch weniger aus Angst vor Strafe, sondern weil es seine Eltern achtet und liebt! Und genau das wollen wir doch in unseren Kindern fördern, nicht wahr?

Der Schlüssel Ihrer Autorität darf nicht allein in größerer Macht und äußerer Kontrolle liegen. Denn spätestens in der Erziehung von Teenagern erleiden Sie damit unweigerlich Schiffbruch oder aber Sie ziehen einen Duckmäuser heran. Ihre Autorität sollte vielmehr auf gegenseitiger Achtung und der *inneren Eigenkontrolle* des jeweiligen Kindes beruhen.

Die *biblischen Säulen zur Kindererziehung* zeigen Ihnen den Weg, wie Sie eine gesunde *Beziehungsautorität* aufbauen und erhalten können!

# Das „Familienhaus"

Ich brüte wieder einmal in meiner Arbeitsecke im Wohnzimmer über einigen dicken Psychologiewälzern, um mich auf eine Prüfung vorzubereiten. Nur unser Kleinster quakt und lallt im Gitterbettchen an der gegenüberliegenden Wand, denn vor den fünf anderen hat mich Claudia abgeschirmt. Während ich ihn beobachte, habe ich drei Bausteine der Kindererziehung vor Augen. Sie sind die Grundlage, auf der ich mit meinen Kindern agiere, die ich ihnen mitgeben will:

- viel emotionale Sicherheit,
- gute Erziehung zur Eigenständigkeit
- und Grenzen, die ihnen Halt geben.

*Das biblische Konzept ist schon genial*, sage ich mir und mache ein paar Bleistiftstriche auf meinem Schmierpapier. Plötzlich habe ich ein Haus gezeichnet mit einem Fundament, einem Wohnbereich und einem Dach. Ins Fundament kritzele ich die Worte „bedingungslose Liebe", in den Wohnbereich „Zusammenleben mit guter Unterweisung und Familienregeln" und ins Dachgeschoss „Begleitung mit liebevoller Disziplin".

„Allerhand", staune ich „so ein Familienhaus zeigt doch deutlich, wie man die Prioritäten setzen muss."

Wenn jemand ein Haus baut, fängt er dann mit dem Dach an? Wenn ja, dann muss das ja schief gehen! Immer nur Druck, harte Worte und Disziplin, zudem wenig Gespräche, Geborgenheit und Liebe – bei einem solchen Zusammenleben drückt das *Dach* schwer und verletzt die Seele eines Kindes.

Genauso falsch ist es, wenn man sich nicht genug Zeit nimmt, um den richtigen Grundstein zu legen. Wer lieblos und hektisch ein wackeliges *Fundament* setzt, autoritär die Familienregeln in die Runde brüllt und darauf auch noch ein *Dach der Überwachung* knallt, braucht sich nicht zu wundern, wenn die Wände Risse bekommen und später alles in sich zusammenstürzt.

So aber ist es richtig: Verwenden Sie viel Zeit, Liebe und Einfallsreichtum für den Bau des Familienfundamentes! Nur so können gute Beziehungen geschaffen werden und erhalten bleiben.

Begleitung
mit liebevoller
Disziplin

Selbständigkeit
und Verantwortung
in der Familie
lernen

Ein Fundament
durch gute Beziehungen
bauen

Je tiefer das Fundament gegründet ist, je stärker sich die Kinder angenommen und geborgen fühlen, desto williger werden sie auf ihre Eltern hören und die Familienregeln akzeptieren. Und so ist es auch verständlich, dass sich Selbständigkeit und Verantwortung am wirkungsvollsten in einer gesunden Familie lernen lassen!

Werden diese zwei Regeln befolgt, dann stimmt die Statik, und das Dach der *Begleitung mit liebevoller Disziplin* wird nicht schwer auf den Kindern lasten, sondern zu einer gesunden Persönlichkeitsentwicklung beitragen. Da sich die Kinder geliebt fühlen und wissen, welches Verhalten angemessen ist, wird zudem eine Disziplinierung nicht häufig vorkommen müssen.

Können Sie nachvollziehen, wie sehr uns dieses schlichte Modell eines Familienhauses begeistert hat? Mit einem Blick hat man vor Augen, worauf es in der Kindererziehung wirklich ankommt und wie die Prioritäten gesetzt werden müssen! Mit diesem Konzept haben wir in den letzten 30 Erziehungsjahren gelebt. Es hat uns geholfen, zielgerichtet, aber auch entspannt mit unseren Kindern zusammenzuleben – gerade auch in Situationen, die nicht leicht zu bewältigen waren.

## Das Ziel aller Erziehung: „Bevollmächtigen" zu einem eigenverantwortlichen Leben!

Eltern, die Christen sind, müssen sich bewusst machen, dass ihre Kinder nicht ihr Eigentum sind, sondern eine Gabe (ein Erbe) des Herrn (Psalm 127,3). Sie sind „sein Gebilde, in Christus Jesus geschaffen zu guten Werken, die Gott zuvor bereitet hat, damit ‚sie' in ihnen wandeln sollen" (Epheser 2,10).

Gerade wenn ein Baby unter viel Mühen geboren wurde, wenn man für ein Kind seinen Lebensstil umgestellt hat, viel Zeit und Geld in sein Aufwachsen investiert hat, kommt schnell die Haltung auf: „Das ist aber *mein* Kind!" Alle Eltern kennen wohl die Versuchung, ein Kind abhängig zu halten und an sich zu binden.

Aber Kinder sind nun einmal Gottes Schöpfung und uns Eltern nur für die Jahre ihres Aufwachsens anvertraut. Gott hat für jedes unserer Kinder eine Berufung – *gute Werke*, in denen sie einmal wandeln sollen. Wir Eltern sollten uns das von Zeit zu Zeit vor

Augen halten, sollten beten und Gott fragen: „Herr, wie sieht die Lebensberufung für mein Kind aus? Wie kann ich es fördern?"

Für Claudia und mich war es bei den vielen unterschiedlichen Kindern ein ganz interessanter und spannender Prozess, jedes Kind nicht nur seinen Gaben gemäß zu fördern, sondern auch mit ihm nach dem Willen Gottes für sein Leben zu forschen.

Dabei ist uns ein Begriff im Zusammenleben mit Kindern ganz wichtig geworden, nämlich: Zu Reife und Eigenständigkeit bevollmächtigen!

Es ist das Prinzip Gottes, uns – seine Kinder – zu *bevollmächtigen*, damit wir dann in seinem Namen sein Reich bauen. So lebte Jesus mit seinen Jüngern zusammen. Er sammelte sie um sich, sie erlebten ihn, wie er predigte, Kranke heilte und Dämonen austrieb. Er lehrte sie und schickte sie dann in seinem Namen los, um „alle Nationen zu Jüngern zu machen" (Matthäus 28,19).

Christliche Elternschaft sieht ähnlich aus: Eltern haben ihre Kinder rund zwanzig Jahre um sich herum, leben ihnen einen authentischen Lebensstil vor, führen sie in die christliche Art zu leben ein, fördern ihre Eigenständigkeit und ihr Wertgefühl und *bevollmächtigen* sie damit, vor Gott ein eigenverantwortliches Leben zu führen.

Uns gefällt der Begriff „bevollmächtigen". Er besagt, dass Eltern ein Vermächtnis an die nächste Generation weitergeben – gegründet in ihrer gereiften Autorität, Lebenserfahrung und Vollmacht!

Bevollmächtigen bedeutet, das Kind zur Selbstkontrolle und Eigenverantwortung freizugeben und nicht abhängig zu halten und zu kontrollieren.

## ... und wenn es nicht klappt?

Dieses Prinzip der *Bevollmächtigung* ist ein wirklich hohes Erziehungsziel! Als junge Eltern waren wir jedoch leider noch nicht in der Lage, in diesen Kategorien zu denken. Diese Erkenntnis und auch Befähigung wuchs erst in den späteren Jahren.

Manche junge Eltern werden wie wir damals sagen: Diese Reife und Lebenserfahrung habe ich einfach nicht! Sie kommt auch kaum von selbst, wenn man sich nicht Ziele setzt und bewusst an seiner Persönlichkeit arbeiten will. Bagatellisieren Sie Ihre

Schwächen und *Macken* nicht einfach, gestehen Sie sie sich ruhig ein, und lassen Sie sich von Gott, ihrem Vater, umlieben und umgestalten. Es ist hilfreich, wenn der Ehepartner dabei ein Korrektiv ist, es kann aber auch eine Freundin oder ein Freund sein. Manch einer braucht einen Seelsorger oder einen Therapeuten, um mit der Vergangenheit aufzuräumen und festen Boden unter seine Füße zu bekommen. Aber geben Sie nicht auf, und verlieren Sie dieses Ziel nicht aus den Augen!

Dies sind für unser geistliches Wachstum ganz wichtige Stichworte geworden: authentisch leben, offen über Empfindungen sprechen, sich korrigieren lassen – auch vor den eigenen Kindern, Fehler eingestehen, sich entschuldigen, Vergebung aussprechen und ein echtes Christsein praktizieren!

Und wenn Eltern tatsächlich so versagen, dass ein Kind seelischen Schaden davonträgt? Wenn ein Kind sichtbar vernachlässigt oder gar misshandelt wurde und als Jugendlicher im Leben nicht zurechtkommt?

Auch wir haben in einigen Erziehungssituationen versagt und Schuld auf uns geladen. Einiges haben wir selbst nicht erkannt und mussten es uns von unseren erwachsenen Kindern sagen lassen. Es klärt und vertieft eine Eltern-Kind-Beziehung, wenn Eltern ihre Kinder bitten, negative Erinnerungen aus ihrer Kindheit auszusprechen und Mangel und Verletzungen im Familienleben zu benennen. Das gleiche Recht gilt natürlich auch für die Eltern. So haben wir es mehrmals miteinander tun müssen. Und da, wo wirklich berechtigte Schuld vorliegt, sollten Eltern Buße tun und sich aufrichtig entschuldigen.

Jugendliche leiden sehr, wenn Eltern ihre Erziehungsfehler nicht einsehen wollen oder rechthaberisch verteidigen. Zwar sind mit der Entschuldigung Leid und Unrecht nicht ausgelöscht, aber es wird dadurch jedoch eine Tür geöffnet zu erneutem Verständnis, zu Versöhnung und Heilung. Schuld und Verletzungen können dann im Gebet zu Jesus gebracht und göttliche Heilung kann freigesetzt werden.

# Berechtigte und unberechtigte Schuld

Es gibt aber auch Eltern, die dazu neigen, sich alle Schuld am Fehlverhalten ihres Heranwachsenden zu geben. Unablässig fragen sie sich: „Was haben wir nur falsch gemacht?"

Sie fühlen sich als totale Versager, quälen sich ständig mit Selbstvorwürfen und verlieren den Blick und die Kraft für die jüngeren Kinder. Diese Eltern müssen unbedingt zwischen *berechtigter* und *unberechtigter* Schuld unterscheiden lernen! Stellen Sie sich der berechtigten Schuld und bereinigen Sie sie, aber lassen Sie sich das Leben nicht noch zusätzlich von unberechtigter Schuld schwer machen.

Wir möchten mit zwei *Erziehungslügen* aufräumen, denen wir früher selbst manchmal geglaubt haben und die in den Köpfen vieler Eltern herumspuken:

1. „Eltern üben den größten oder gar einzigen Einfluss auf ihre Kinder aus."
2. „Eltern tragen alle Verantwortung für *missratene* Kinder."

Diese Thesen treffen einfach nicht zu und setzen Eltern unnötig unter Druck. Setzen Sie sich also stattdessen realistische Erziehungsziele! Sie könnten sonst schwer enttäuscht werden und Ihr Leben zerstören, weil sich Ihre Träume nicht erfüllen. Am schwersten haben es die Eltern, die ihre Identität und ihr Lebensglück in *wohlgeratenen* Kindern sehen. Es gibt nun einmal keine Garantien dafür, dass Kinder keine eigenwilligen Wege gehen und nicht rebellieren!

Viele Eltern und Erzieher gehen von folgender Philosophie aus: Eine rundum günstige Kindheitsgeschichte wird logischerweise eine harmonische, ausgeglichene und lebenstüchtige Persönlichkeit hervorbringen. Christen fügen noch hinzu: ... und auch einen gläubigen Menschen schaffen.

Dem müssen wir energisch widersprechen. Erziehung ist keine *Einbahnstraße*! Die Persönlichkeitsstruktur eines Kindes wird nicht allein durch Eltern und Umwelteinflüsse festgelegt.

Die Ansichten der Vertreter der Lerntheorien des Behaviorismus und der Traumatheorie der Psychoanalyse gehen zwar in diese Richtung, übersehen dabei jedoch, dass das Kind einen eigenen

Willen hat und in seiner Entwicklung selbst eine aktive Rolle spielt. Diese besteht darin, dass es ständig in Interaktion (Wechselbeziehung) zu seinen Eltern und den Umwelteinflüssen steht. Die gesamte Kindheit hindurch beeinflussen sich also kindliches und elterliches Verhalten und die dazu kommenden Umwelteinflüsse gegenseitig.

## Das Interaktionsmodell

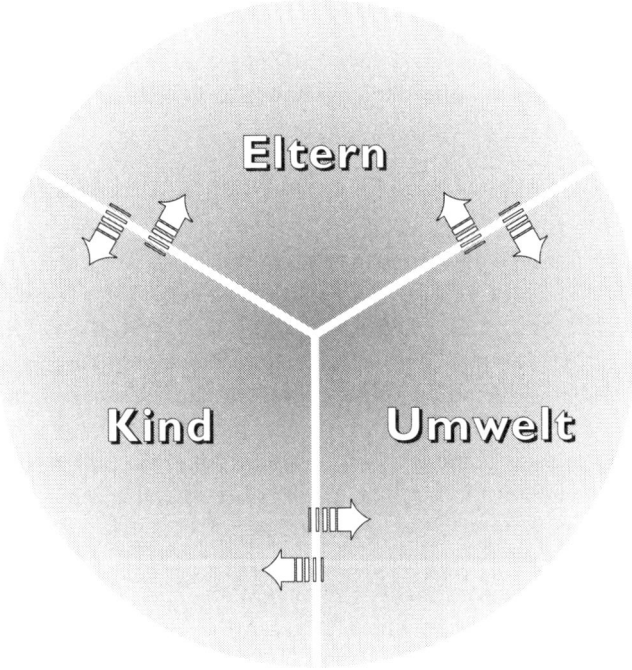

Dieses *Interaktionsmodell*, das dem biblischen Menschenbild entspricht, erklärt treffend, wie sich die Persönlichkeitsentwicklung in einem Kind vollzieht. Es ist ein so kompliziertes Zusammenspiel, dass eindeutige Schuldzuweisungen – zum Beispiel allein auf die Eltern – nicht möglich sind, da zu viele beeinflussende Faktoren vorliegen.

Eltern können allerdings gute Voraussetzungen schaffen, sodass es dem Kind leichter fällt, einen aufrichtigen Weg zu gehen – selbst wenn es zwischendurch stürmische Phasen geben sollte. Sie können es ihm leicht machen, Gott als liebevollen Vater zu akzeptieren und nach seinem Willen zu fragen.

Durch Ihre Erziehung statten Sie Ihr Kind mit einer Ausrüstung aus, nämlich mit *Werkzeugen des Denkens und Handelns*, mit denen der Jugendliche einmal sein Leben eigenständig bauen wird. Was Ihr Kind dann daraus letztendlich macht, ist seine eigene Entscheidung und liegt nicht mehr in Ihrem Zuständigkeitsbereich.

Dieses Bild von den *Werkzeugen* bedeutet uns sehr viel. Es lehrt uns: Eltern legen durch ihre Erziehung den zukünftigen Lebensweg eines Kindes nicht fest. Ihr Kind bleibt vielmehr eine eigenständige Persönlichkeit. Diese *Ohnmacht* ist es dann auch, die Eltern viel stärker zum Gebet für ihre Kinder veranlassen sollte. Denn Erziehungsarbeit ist eine Arbeit, die auf den *Knien* verrichtet werden muss! Und nicht selten ist die Erziehung Ihrer Kinder ein geistlicher Kampf, der im Gebet auf den Knien durchgestanden werden muss.

Doch mit der Vermittlung der verschiedenen *Werkzeuge* zur eigenen Lebensgestaltung leisten Eltern im Familienalltag etwas ganz Entscheidendes: Durch ihr Vorbild und ihre Belehrung geben sie ihren Kindern Hilfen zum eigenen *Denken* und durch das Zusammenarbeiten Hilfen zum eigenständigen *Handeln* an die Hand.

Gute *Werkzeuge* werden es Ihrem Kind leichter machen, später als Jugendlicher verantwortungsbewusst zu leben. Ihr und unser Ziel ist es doch, ihnen die bestmöglichen *Werkzeuge* mit auf den Weg zu geben. Alles Weitere müssen wir dem Kind und Gottes Handeln überlassen.

# Dreißig Jahre Abenteuer Familie

## Ein Interview mit Rainer Wälde

## Die schönsten Erinnerungen

**Rainer: Wenn ihr beide so auf dreißig Jahre zurückblickt, was waren für euch die schönsten Erfahrungen?**

**Claudia:** *Wenn ich an unser Familienleben denke, das meinst du ja wohl auch, dann war es unsere Familienidylle mit Garten und Tieren. Besonders so ungefähr vor zwanzig Jahren, zu der Zeit, als die Kinder noch klein waren. Obwohl wir viele praktische Arbeiten zu erledigen hatten mit Gartenarbeit, Ernte, Einkochen und Tiere wie Katzen, Hund, Hühner, Schafe und Ponys versorgen, war es ein Umfeld, in dem die Kinder regelrecht aufblühten. Den therapeutischen Erfolg konnte man ihnen buchstäblich ansehen. Es ist ja auch etwas Besonderes, beim Lammen zuzuschauen und selbst Wolle zu spinnen. Für mich war es eine unbeschwerte Zeit.*

*Und dann die Geburten ... Es ist schon ein tolles Gefühl nach den Geburtsschmerzen einen neuen Erdenbürger im Arm zu halten und gespannt zu sein, was Gott mit diesem kleinen Wesen einmal alles anstellen wird.*

**? Aber hattest du nicht irgendwann das Gefühl, es ist dir zu viel? Hast du nicht manchmal mit einer anderen Frau tauschen wollen, vielleicht sogar mit einer kinderlosen?**

**Claudia:** *Nun gut, was das Praktische betrifft vielleicht, aber der Land- und Tiertrip hat sich inzwischen gelegt; mir reicht jetzt mein Blumengarten.*

Ich kenne Zeiten, wo mir alles zu viel wurde, weniger durch die praktischen Arbeiten, dafür umso mehr durch die nervliche Anspannung und das ständige „Zur-Verfügung-Stehen-Müssen". Besonders in der Ablösungsphase der ersten jugendlichen Kinder. Da hatte ich den Eindruck, ich werde nie frei – ob klein oder groß, unsere Kinder erwarten immer etwas von mir. Zwischenzeitlich hatte ich schon das Gefühl, zu kurz zu kommen, nur für andere zu leben und nicht zu mir selbst zu finden. Dann habe ich mich damit getröstet, dass eine Mutterphase auch einmal vorübergeht.

Aber mit einer kleineren Familie tauschen, oder sogar kinderlos im Berufsleben stehen? Nein, auf den Gedanken kam ich nicht! Meine Stellung als „Family-Designerin" war für mich Gottes Berufung, war aufregend und abwechslungsreich genug. Die große Kinderzahl machte den Job ja auch lohnenswert. Bei zwei Kindern hätte ich vielleicht anders gedacht.

**?** **Eberhard, was war für dich das Schönste in den dreißig Jahren?**

**Eberhard:** Mit den Kindern zusammen Urlaub machen, am Lagerfeuer sitzen, zusammen singen, mit den Kleinen kuscheln und von ihnen angehimmelt werden. Was die Großen betrifft: mit ihnen diskutieren, über ihre Lebenspläne sprechen, mit ihnen und ihren Freunden Zeit verbringen. Je älter und eigenständiger sie werden, umso dankbarer bin ich, wenn sie Zeit für mich haben und wir etwas zusammen unternehmen können.

Insgesamt habe ich das Empfinden, ein bedeutungs- und sinnvolles Leben geführt zu haben beziehungsweise zu führen. Sich in Kinder zu investieren, zähle ich mit zu den wertvollsten Aufgaben im Leben – auch wenn es nicht immer leicht ist und nicht so läuft, wie man es sich ursprünglich vorgestellt hat.

**Claudia:** *Zu den schönsten Erinnerungen gehören für mich auch noch unsere Gäste. Wir haben immer durchreisende Freunde und Missionare aus aller Welt beherbergt. Das fanden auch unsere Kinder Klasse.*

*Und wie Gott sich immer wieder zu uns gestellt hat und wir unsere Wunder mit ihm erlebt haben – ob es Bewahrungen in gefährlichen*

*Situationen waren oder finanzielle Wunder. Einmal hatten wir mit den sieben ältesten unserer Kinder eine Einladung nach Israel, aber kein Geld für neun Flugtickets. Die Kinder haben dann dafür gebetet wie die Weltmeister. Und bei einem Vortrag bekam Eberhard wie zufällig einen prallen Lederbeutel zugesteckt. Als er ihn zu Hause öffnete, lag da das Bargeld für alle neun Tickets drin. Wir haben niemals erfahren, von wem das Geld kam.*

## Nach welchem Familienmodell?

**?** Ihr habt ja in einer Zeit angefangen, wo eigentlich ganz Deutschland Kopf stand; ich meine die 68er Kulturrevolution. Spukte die auch bei euch im Kopf herum, zum Beispiel indem ihr ein alternatives Familienmodell schaffen wolltet?

**Eberhard:** Ja, auf jeden Fall. Wir waren wie viele in unserer jungen Generation mit der bürgerlichen Gesellschaft unzufrieden. Das fromme Gemeindeleben war uns viel zu trocken. Wir wollten die Welt auf den Kopf stellen, nur nicht unbedingt auf politischer Ebene. Unser Herz brannte für Jesus, wir wollten Gottes Willen für uns erkennen und etwas richtig sinnvoll Gutes tun. Und Familie wollten wir auch nicht nach dem herkömmlichen traditionellen Muster leben!

**?** Aber müssen es denn gleich dreizehn Kinder sein, hätte man nicht auch mit weniger Kindern etwas machen können?

**Claudia:** *„Wenn schon, denn schon...", das war damals unser Motto! Unseren exotischen Lebensstil konnten wir halt nie richtig ablegen. Auch wenn ich mich – selbst heute noch nach all den Jahren – nicht als den klassischen Muttertyp bezeichne, sahen wir in der Aufnahme der Kinder in unsere Familie einen Auftrag Gottes für unser Leben. Und ich habe gelernt, meine Berufung anzunehmen.*

**?** Gut, aber die 68er haben ja genau gegen das klassische Mutterbild gekämpft. Was war dann für euch in eurer Familie wirklich das Neue?

**Claudia:** *Als junges Ding war ich natürlich sehr verunsichert. Das Herkömmliche wollte ich nicht und das Neue behagte mir auch nicht. Aufgewachsen bin ich mit der traditionellen Vorstellung, die Frau ordnet sich brav unter und kümmert sich hauptsächlich um die Kinder. In den ersten Ehejahren habe ich mich Eberhard stark angepasst, ihn aber glücklicherweise nie als „Herrn im Haus" empfunden. Die meinem Persönlichkeitstyp entsprechende Art als Frau und Mutter zu leben, habe ich erst viele Jahre später entdecken und entwickeln können. Damals habe ich gar nicht gewusst, wer ich wirklich bin.*

**Eberhard:** Für uns war klar, die Familienaufgaben partnerschaftlich zu teilen. Das ging ja auch nicht anders bei den vielen Kindern. Das klassische Muster – der Mann verdient das Geld und die Frau kümmert sich um Haushalt und Kinder – hätte gar nicht funktioniert.

**Claudia:** *Glücklicherweise sind wir beide von der schnellen Sorte. Die praktischen Arbeiten waren für uns nicht das Problem. Das betone ich, weil wir immer wieder gefragt werden: „Wie habt ihr nur die ganze Arbeit geschafft?" Das Erzieherische dagegen war die große Herausforderung! Was Haushaltsmaschinen und Hilfen betraf, war Eberhard immer großzügig. Lieber fuhr er das älteste Auto, aber im Haushalt lebte ich tipptopp. Und zupacken konnte er auch; bei uns gab es keine geschlechtsspezifische Aufgabenteilung. Mir machte es Spaß, vorauszuplanen und gut zu organisieren. Zum Beispiel machte ich nur einmal in der Woche einen Großeinkauf, kochte Mahlzeiten vor und fror sie ein und achtete auf bügelfreie Wäsche. Zeit für Kinder ist einfach wichtiger als eine zeitraubende pingelige Haushaltsführung! Da war ich damals schon anders als die „normalen" Mütter. Manche Frauen konnten damit nicht recht umgehen; ich war ihnen suspekt.*

**Eberhard**: Als ich meine erste Anstellung als Lehrer bekam, habe ich gleich darum gekämpft, nur die halbe Stundenzahl zu unterrichten. Damals war das nur für meine Kolleginnen üblich, ein Mann tat so etwas nicht. Aber mein Motto war: Lieber ein kleineres Einkommen und notgedrungen einen einfacheren Lebensstil, aber dafür mehr Zeit für die Familie und unser Engagement als Christen!

Unser Landleben führten wir ja auch nicht nur aus Nostalgie, sondern als Notwendigkeit zur Selbstversorgung. Und die Kinder haben schon ganz schön was weggefuttert, unsere großen Kochtöpfe stehen immer noch zur Erinnerung in der Küche. Eins meiner pädagogischen Prinzipien war, mit den Kindern zusammen zu arbeiten und Spaß zu haben. An einem Nachmittag in der Woche war unser Garten- beziehungsweise Arbeitstag, an dem wir miteinander ordentlich etwas wegarbeiteten. Das verlief in der Regel fröhlich mit einem schönen Festessen am Abend. Wenn es darüber hinaus noch mehr Arbeit gab, konnte sich, wer wollte, sein Taschengeld aufbessern.

Die meisten Kinder denken interessanterweise dankbar an diese Zeit zurück und eigentlich haben auf diese Weise alle von ihnen handwerkliche und kreative Fähigkeiten fürs Leben mitgenommen.

Doch das wirklich Neue in der damaligen Zeit, wo sehr viele einen antiautoritären Stil in der Erziehung favorisierten, war unser Bemühen um einen biblisch orientierten Erziehungsstil.

**?** **Wie ist denn die Umwelt damals mit euch umgegangen – bei so vielen Kindern! Hielt man euch für asozial?**

**Claudia:** *Ich kann mich tatsächlich nicht ein einziges Mal daran erinnern, dumme abwertende Sprüche gehört zu haben, wenn wir mit dem Riesenclan spazieren oder einkaufen gingen. Ich habe aber auch sehr darauf geachtet, als Familie nicht asozial zu wirken, das heißt, mir Mühe gegeben, was Umgang und Kleidung betrifft. Damals habe ich noch sehr viel selbst genäht. Wir waren schon ein buntes, lautes und fröhliches Völkchen. Ich denke, die Leute spürten unser Selbstbewusstsein.*

**Eberhard:** Ich bin immer absolut stolz auf meinen munteren Clan gewesen und hoch erhobenen Hauptes durch die Gegend stolziert. Irgendwie hat es auch niemand gewagt, einen dummen Spruch zu machen. Natürlich hatten wir einen gewissen Bonus durch die angenommenen Kinder. Da hielt man uns halt für bewundernswert oder etwas übergeschnappt.

Ich weiß noch, wie mich einmal nach einem Vortrag jemand ansprach: „Also Herr Mühlan, dass Sie sechs Kinder aufgenommen haben, dafür haben Sie meine größte Hochachtung. Aber wie konnten Sie dann auch noch sieben eigene Kinder in diese Welt setzen? Das finde ich unverantwortlich!"

**?** **Und, was hast du darauf geantwortet?**

**Eberhard:** Ungewollte Kinder anzunehmen ist wichtig, aber es ist auch ein unbezahlbarer Gewinn für das gesellschaftliche Leben, wenn Kinder gewollt und geborgen zu sozial kompetenten Bürgern heranwachsen. Außerdem würden meine Kinder später einmal seine Rente mitfinanzieren.

**Claudia:** *Am meisten hinterfragt und kritisiert wurde ich von christlichen Frauen. Immer mal wieder in Gesprächen oder Leserbriefen wurde ich als „Supermutter" dargestellt, der offensichtlich alles bestens gelingt. Aber ich hatte die Kinder doch nicht angenommen, um andere in den Schatten zu stellen! Das wollte ich niemals bezwecken!*
*Auf Anerkennung und Würdigung stießen wir eher bei Nichtchristen. Zum Beispiel bei den Lehrern unserer Kinder oder bei Talkrunden im Fernsehen. Selbst bei Vorträgen im säkularen Rahmen fand ich oftmals eine größere Offenheit, unseren Ratschlägen zu folgen.*

**?** **Noch mal zum Thema Supermutter. Dennoch wurde euch oftmals vorgeworfen – zum Teil sehr engagiert, fast wütend – bei euch käme alles zu perfekt, zu glatt rüber. Heute mit ein wenig Abstand betrachtet, was meint ihr, könnte der Grund dafür gewesen sein?**

**Claudia:** *Da gibt es sicherlich eine ganze Reihe von Gründen. Bei mir könnte das daran liegen, dass ich kein starker Beziehungstyp bin. Ich wirke auf andere eher distanziert und das macht sich unter manchen Frauen nicht so gut. Als Schaffertyp spreche ich nur einen bestimmten Typ von Frauen an, andere verschrecke ich eher. Ich sehe inzwischen* *aber auch ein, dass ich früher zu wenig von unseren Lernschritten und Fehlschlägen gesprochen habe und viel zu sehr von unseren Erziehungszielen und Erfolgen.*

*Was manche Hörer und Leser betrifft, ist bei ihnen allein die Tatsache, viele Kinder zu haben, offensichtlich schon eine Provokation. Und das trifft nicht nur uns, sondern auch andere bekannte große Familien. Ich möchte mit meinem Lebensstil und der Zahl meiner Kinder niemanden in Frage stellen oder verletzen. Vielleicht realisieren wir etwas, wovon die einen vergeblich träumen und womit andere kämpfen oder sich bemühen, es auf die Reihe zu bekommen.*

**Eberhard:** In unseren Büchern konnten wir sehr wohl über die lustigen Episoden und Streiche unserer Kinder schreiben, aber nicht detailliert von ihren Fehlern und Schandtaten. Das wäre ihnen gegenüber nicht fair gewesen. Da musste sich der Leser mit dem Hinweis begnügen, dass auch wir die ganze Palette von Überforderung, Ausbrennen, Streiten, Lügen, Stehlen und anderen Dingen kennen, ohne dabei ins Detail zu gehen. Das hat vielleicht ein gewisses Ungleichgewicht gebracht, sodass sich mancher Leser ein falsches Bild über uns gemacht hat. Inzwischen können wir mit der Einwilligung unserer Kinder offener über die schmerzhaften Seiten unseres Familienlebens sprechen.

## Grenzen und Krisen

**?** Zu den schmerzhaften Seiten eures Familienlebens: Was waren für euch die schwierigsten Momente in den letzten dreißig Jahren, in denen ihr am liebsten alles hingeschmissen hättet?

**Eberhard:** So am Ende, dass ich alles hinschmeißen wollte, oder dass ich nichts mehr mit Kindern hätte zu tun haben wollen, war ich nie. Aber es gab eine ganze Reihe erschütternder Krisen. Die größte Krise, über die es uns echt schwer fällt, zu sprechen, und die wir auch noch nicht ganz unter die Füße bekommen haben – da haben wir noch eine Menge unbeantwortete Fragen an Gott – ist, dass eine unserer Töchter von einem unserer Pflegesöhne in unserem Haus über längere Zeit sexuell missbraucht wurde. Sie war damals so zwischen fünf bis acht Jahre alt und er mitten in der Pubertät. Das ist das Erschütterndste in unserer gesamten Familiengeschichte! Als das vor wenigen Jahren ans Licht kam, habe ich mich ernsthaft gefragt, ob es richtig war, fremde Kinder in unsere Familie aufzunehmen. Dass ein leibliches Kind dafür so leiden muss – dieser Preis war mir einfach zu hoch!

Es quält mich wahnsinnig, dass ich als Pädagoge – und vor allem als ihr Vater – es damals nicht wahrgenommen habe und sie nicht vor den sexuellen Übergriffen des Jungen schützen konnte.

**Claudia**: *Das Fatale ist, wir hatten damals nicht die geringste Ahnung, dass sich so etwas Schlimmes in unserem Haus abspielte. Und er hat sie so immens bedroht, dass sie es nicht gewagt hat, mit uns darüber zu sprechen. Dann hat sie dieses Trauma für eine Zeit aus ihrem Bewusstsein abgespalten, sodass es erst in den späten Teenagerjahren mit all den zerstörerischen Folgeerscheinungen, wie sie in Fachbüchern beschrieben werden, wieder hochkam.*

### **?** Wie ist die Sache weiter- beziehungsweise ausgegangen?

**Eberhard:** Unsere Tochter nahm über lange Zeit eine Therapie in Anspruch, in der sie sich diesem Trauma mit seinen Folgeerscheinungen Schritt für Schritt stellte und aufarbeitete. Wir haben viele tränenreiche Gespräche miteinander geführt und sie hat uns vergeben können, dass wir sie in dieser kritischen Lebensphase nicht geschützt haben. Inzwischen ist sie erwachsen und aus dem Haus. Jetzt haben wir eine liebe- und achtungsvolle Beziehung zueinander.

Aber der Schmerz sitzt tief. Es fällt mir schwer, mir selbst zu vergeben und darauf zu vertrauen, dass Gott daraus noch etwas Gutes machen wird, wie es in Römer 8,28 steht : „Wir wissen, dass denen, die Gott lieben, alle Dinge zum Guten mitwirken".

### **?** Was ist mit dem Täter?

**Claudia**: *Mit sechzehn Jahren wollte er nicht mehr bei uns leben – ihm wurde wohl der Boden zu heiß unter den Füßen – und bis heute ist er nicht wieder aufgetaucht. Inzwischen können wir verstehen, warum.*

*Ich habe ihn gehasst, bis ich merkte, dass mich diese Haltung zerstört. Den Hass habe ich an Gott abgeben können. Aber das Vergeben ist ein längerer Prozess, der seine Zeit braucht.*

**? Stellt ihr euch heute Fragen wie: „Hätten wir den Jungen doch nicht aufgenommen"?**

**Eberhard**: Tja, einerseits hatten wir den Eindruck, jedes Kind von Gott zugeführt bekommen zu haben – und dann so etwas!

Das ganze Familienleben wäre tatsächlich anders gelaufen, wenn wir diesen Jungen nicht angenommen hätten, auch die anderen Kinder hätten nicht so stark gelitten. Denn erst als er fort war spürten wir, welche Bedrückung er verursacht und wie stark er die anderen tyrannisiert hat.

Mit solchen offenen Fragen müssen auch wir offensichtlich leben. Aber deswegen werfen wir das Vertrauen in Gott nicht über Bord. Dafür haben wir zu viel eindeutig Gutes und Bewahrendes mit Gott erlebt.

**? Kommt ihr durch solche Erfahrungen an die Grenzen der Pädagogik oder könnt ihr es psychologisch erklären?**

**Eberhard:** Ich fühle mich mit solchen Erfahrungen eindeutig an meinen pädagogischen Grenzen. Nun ist der Umgang mit Pflege- beziehungsweise Adoptivkindern ohnehin ein heikles Thema. Andere Eltern machen ähnlich dramatische Erfahrungen. Ich habe mich zum Beispiel gefragt, wie es möglich ist, dass ein Kleinkind, das mit den gleichen guten Bedingungen wie seine Geschwister aufwächst, einfach keine Gewissensbildung vollzieht. Der Junge hatte damals, vom Jugendamt vermittelt, eine Therapie bekommen, was es zu dieser Zeit halt so gab. Aber er blieb immer beziehungsunfähig und auffällig, was Stehlen und Lügen betraf. Offensichtlich spielt sich während der allerersten Lebensmonate in der Seele eines Kindes bereits sehr viel mehr ab, was Schmerz, Ablehnung und Festlegungen betrifft, als Erzieher gemeinhin annehmen.

**?** Wenn ihr zurückschaut, gab es Situationen, von denen ihr sagt: „Das würden wir heute anders machen“?

**Eberhard:** Dreißig Familienjahre sind eine lange Zeit. Wir haben quasi zwei Kindergenerationen großgezogen. In einer lag der Schwerpunkt auf den sechs angenommenen Kindern. Dabei bildeten zwei bis drei der ältesten leiblichen Kinder eine Schnittstelle und danach folgte eine Generation mit nur leiblichen Kindern. Zwischen diesen Phasen sehe ich deutliche Unterschiede. Natürlich braucht man bei so vielen Kindern wie in der Anfangszeit mehr Absprachen und Regeln und trotzdem waren wir als junge Eltern einfach zu eng. Das zeigte sich an vielen Kleinigkeiten wie Schlafengehen, Kleidung, Ausgehzeiten ... Ich erinnere mich, wie ich mich einmal mit meiner Ältesten wegen irgendwelcher lächerlichen Kleidungsfragen fürchterlich angelegt habe. In meinen Augen war sie frech und kämpfte, als ginge es um ihr Leben. Damals war das eine fürchterlich Szene, später war ich dankbar, dass sie sich gegen mich durchgesetzt hat. Das war wichtig für ihr Wertgefühl.

Heute habe ich diesbezüglich eine andere Haltung: Es ist viel, viel wichtiger, zwischen Eltern und Kindern auf eine gute Herzensbeziehung zu achten, als die Beziehung zu einem Kind durch rigide Regeln und Erwartungen aufs Spiel zu setzen. Man muss hier zwischen Haupt- und Nebenkampfplätzen gut unterscheiden lernen. Eine zerrissene Hose oder farbige Haarsträhnen können mich heute nicht mehr erschüttern. Aber so etwas lernt man leider erst mit den Jahren oder indem man sich wirklich erfahrene Eltern als Vorbild nimmt.

**Claudia:** *Einer meiner Fehler war, von allen Kindern – angenommenen wie leiblichen – das Gleiche zu erwarten. Ich hätte sie nicht alle über einen Kamm scheren sollen. Das war schlichte erzieherische Blindheit. Ich habe halt meine gut gemeinten Ansprüche gestellt, was eigenständiges Spielen betraf oder Ordnung halten, Musik oder Lesen. Dabei habe ich übersehen, dass einige angenommene Kinder intellektuell viel einfacher strukturiert waren und auch andere Interessen hatten als die übrigen, und die habe ich damit einfach überfordert. Könnte ich die Zeit zurückdrehen, ich würde von einigen ganz bewusst weniger erwarten. Außerdem habe ich zu wenig über Persönlichkeitsunterschiede gewusst.*

*Zum Beispiel, dass es Menschen mit langsamem und schnellem Lebens-*
*tempo gibt oder Menschen, die eher personen- beziehungsweise sachbe-*
*zogene Typen sind. Ich als Mensch mit einem schnellen Lebenstempo*
*habe einige meiner Kinder, die ein langsames Lebenstempo mitbekom-*
*men haben, einfach zu viel angetrieben. Nachdem ich mich intensiv mit*
*den unterschiedlichen Persönlichkeitstypen befasst hatte, konnte ich*
*ganz anders mit meinen Kindern umgehen. Aber das betraf leider erst*
*die zweite Kindergeneration.*

**? Habt ihr eure Fehler vor euren Kindern eingestanden? Euch miteinander ausgesprochen?**

**Eberhard:** Ja, darum haben wir uns bemüht. Auch früher schon, wenn ich merkte, dass ich zu barsch oder zu streng reagiert hatte, wollte ich ein Vater sein, der sich belehren lässt und sich entschuldigen kann. Einmal hatte sich der Streit mit einem meiner Teenager derart hochgeschaukelt, dass wir grollend auseinander gingen. Ich konnte es jedoch einfach nicht dabei belassen und schlich mit weichen Knien zu ihm in sein Zimmer. „Kannst du mir meinen Anteil am Streit vergeben?", fragte ich ihn. Erst ein Zögern, dann wälzte er sich betont langsam aus seinem Sessel, schlurfte auf mich zu – ich ahnte nicht, was mich erwartete – und nahm mich plötzlich in den Arm und schluchzte: „Es tut mir auch Leid. Du bist der beste Papa in der Welt." Solch eine Versöhnung schweißt zusammen und vertieft die gegenseitige Wertschätzung.

**Claudia:** *Aber was wir beide eben aufgezahlt haben – zu enge Regeln, zu*
*strikte Strafen, Überforderungen, zu wenig Freiräume –, das sind Dinge,*
*die haben wir damals gar nicht registriert. Erst als wir vor einiger Zeit*
*unsere erwachsenen Kinder baten, uns aufrichtig zu sagen, in welchen*
*Bereichen sie während ihrer Kindheit Mangel verspürt haben und was*
*ihnen negativ in Erinnerung geblieben ist, kam dies zutage und wir*
*waren über uns selbst zutiefst erschrocken. An vieles davon konnten wir*
*uns nicht mehr erinnern. Aber neben dem vielen Schönen, das sie in der*
*Familie erlebt hatten, steckten diese Dinge doch wie ein Stachel in der*
*Seele der betreffenden Kinder. Zum Beispiel sagte mir eine meiner Töch-*
*ter, sie hätte als Kind unter meinen Bemerkungen über ihr Aussehen ge-*
*litten und sich lange Zeit nicht selbst annehmen können. So etwas habe*

*ich nie beabsichtigt, ich kann mich auch nicht daran erinnern und es tut mir noch nachträglich furchtbar Leid. Ich habe mich dafür entschuldigt und um Vergebung gebeten.*

**Eberhard:** Es ist erstaunlich, wie manche Kleinigkeiten – positive wie negative –, die Eltern oftmals gar nicht beachten oder beabsichtigen, bei einem Kind sein ganzes Leben lang im Gedächtnis haften bleiben. Für mich waren diese Gespräche einerseits ernüchternd und andererseits erleichternd, denn mit den meisten unserer erwachsenen Kinder konnten wir zu einer echten Versöhnung finden. Es war, als würde endlich eine Last von unser aller Schultern fallen. Eine Tochter meinte, es wäre wirklich mutig von uns gewesen, sie zu bitten, ihre schmerzhaften Empfindungen einmal zu äußern. Sie hätte sich nämlich sonst aus Achtung vor uns nicht getraut, dies von sich aus zu tun. Jetzt fühle sie sich endlich frei, emotional abgenabelt und wirklich erwachsen.

Grundsätzlich zeigten mir diese Gespräche mit unseren erwachsenen Kindern, dass es wohl keine Familie gibt, in der nicht Enttäuschungen und gegenseitige Verletzungen vorkommen, auch wenn man es selbst nicht beabsichtigt. Deswegen muss immer wieder darüber gesprochen werden, wie sich der Einzelne im Familienverband fühlt.

Glücklicherweise wissen unsere jüngeren Kinder – also die zweite Kindergeneration – nicht von so vielen schmerzhaften Erfahrungen zu berichten. Wir haben also offensichtlich dazugelernt.

**? Was zum Beispiel habt ihr dazugelernt? Was macht ihr heute anders als früher?**

**Eberhard:** Ich habe mit den Jahren ein immer feineres pädagogisches Fingerspitzengefühl bekommen. Früher standen für mich mehr Themen wie „Erziehung zu Eigenständigkeit", „Familienregeln", „Grenzen setzen" im Vordergrund und natürlich auch „Familienatmosphäre" und „emotionale Geborgenheit". Alles das ist nach wie vor richtig und wichtig. Inzwischen bin ich jedoch sensibler geworden. Nehmen wir den Begriff Barmherzigkeit, den wir ja von Gott gut kennen. Hat ein Kind zum Beispiel etwas richtig Schlimmes angestellt und bereut es aufrichtig und gesteht es freiwillig ein, muss es nicht auch noch bestraft werden; den Schaden wieder gutzumachen, reicht dann vollkommen aus. Statt eine Strafe zu verteilen, würdige ich nun die Aufrichtigkeit des Kindes und nehme es in die Arme. Das ist eine viel größere Verstärkung, künftig aufrichtig leben zu wollen, als wenn ich mit der Verhängung von Strafen reagiere.

Oder die Stärkung des Selbstwertgefühls, das Wahrnehmen und Ausdrücken von Gefühlen, authentisch sein, eine Meinung anders als die Eltern vertreten dürfen – das alles sind Dinge, auf die ich heute wesentlich stärker achte als früher. Ich habe sie damals einfach nicht im Blick gehabt.

**? Um diese Werte weiterzugeben, waren es dann nicht doch zu viele Kinder? Konntet ihr damals dem einzelnen Kind wirklich gerecht werden?**

**Eberhard:** Diese Frage habe ich befürchtet und ich habe auch schon oft darüber gegrübelt. Im Augenblick muss ich gerade mal für drei Kinder unmittelbar zur Verfügung stehen, weil sie noch zu Hause wohnen. Ich denke, dass ich heute meine Vorsätze ganz gut umsetzen kann. Aber liegt es daran, dass ich weniger Kinder habe oder daran, dass ich gereift bin und erzieherisch mehr Erfahrung gewonnen habe?

Das im Nachhinein zu beantworten, ist nahezu unmöglich. Trotzdem ist schon klar: bei so vielen Kindern gleichzeitig im Haus wie damals, kann man nicht so aufmerksam auf jedes einzelne eingehen, wie es bei drei oder vier Kindern möglich ist. Aber jetzt nachträglich zu sagen, wir hätten bei drei leiblichen aufhören oder weniger Kinder aufnehmen sollen ... das kann ich nicht!

**Claudia:** *Bei den sieben Kindern, die ich geboren habe, mag manch einer den Kopf geschüttelt und sich gefragt haben, muss denn das auch noch sein? Eigentlich sind es neun, denn zwei sind als Fehlgeburten bereits im Himmel. Aber jedes von ihnen ist gewollt, auch das jüngste ist kein Ausrutscher. Auf keins hätten wir verzichten wollen! Jedes ist ein Original. Ich bin erstaunt, wie unterschiedlich Kinder sein können: Der eine ist der Künstler, der andere absolut praktisch und musikalisch,*

*die nächsten so überraschend optimistisch und musikalisch oder tänze-*
*risch begabt, sportlich, abenteuerlich, intellektuell ...*

*Mit jedem hat Gott einen Lebensplan. Was für ein Potenzial, um*
*Gottes Reich zu bauen!*

**Eberhard:** Und ich habe doch am Anfang unserer Ehe gesagt, ich will
höchstens zwei eigene Kinder, denn jedes leibliche Kind nimmt einem weiteren angenommenen Kind den Platz weg. Ich hätte ganz
schön was verpasst! Gut, dass Claudia ihren Kopf durchgesetzt hat.

**Claudia:** *Trotzdem habe ich mich anfangs praktisch und auch emotio-*
*nal derart stark um die angenommenen Kinder gedreht, dass unsere äl-*
*teren leiblichen Kinder streckenweise zu kurz kamen. Dennoch, bei*
*manchem angenommenen Kind waren die Defizite so groß, dass selbst*
*das nicht auszureichen schien.*

**?** **Ihr habt von eurer schwersten Krise gesprochen. Wie sahen
die „leichteren Krisen" aus?**

**Claudia:** *„Leichte Krisen" ist ein wenig untertrieben. Vor 17 Jahren hatte*
*ich eine dramatisch fortschreitende Netzhautablösung am Auge, die bei-*
*nahe zu einer Erblindung geführt hat. Bei der Hausarbeit sah ich plötz-*
*lich Blitze und verzerrte Formen vor mir. Als ich endlich zum Augenarzt*
*ging, musste ich von einer Stunde zur anderen mit abgedunkelten*
*Augen bis zur Operation absolut still liegen, voller banger Fragen, wie*
*das wohl ausgehen würde.*

*Nach der letzten Entbindung dann wäre ich fast verblutet. Ich*
*wachte nachts im Krankenhaus auf und stellte verschwommen fest, dass*
*ich in meinem eigenen Blut lag. Mit letzter Kraft konnte ich noch den*
*Klingelknopf für die Nachtschwester drücken. Die Ärzte waren ratlos.*
*Die Bluttransfusion lief viel zu langsam durch bei all dem vielen Blut,*
*das ich verlor. „Frau Mühlan, wir können Ihnen nicht mehr helfen",*
*hörte ich sie aus der Ferne sagen. Zwei gläubige Hebammen und Eber-*
*hard schrien vor der OP-Tür zu Gott und zum Erstaunen der Ärzte*
*setzten die Blutungen plötzlich aus.*

*Als disziplinierter Kämpfertyp trieb ich – obwohl ich es nicht wahr-*
*haben wollte – mit meinen körperlichen Kräften Raubbau und kämpfte*
*anschließend etwa zwei Jahre mit schweren Depressionen. Erschöp-*

*fungsdepressionen, wie ich mir später eingestehen musste! Seitdem nehme ich es sehr besorgt wahr, wenn ich total erschöpften Müttern begegne, die sich emotional kaum noch unter Kontrolle haben.*

**?** **Wie bist du da wieder herausgekommen und was sagst du Müttern, damit sie nicht in dieselbe Falle tappen?**

**Claudia:** *Bei mir war es wirklich schlimm: Ich hatte ständige Kopfschmerzen, Verspannungen, Herzrasen, Beklemmungen, die sich wie Lähmungen auswirkten und litt unter Schlaflosigkeit. Dazu kamen Ängste, die mich derart innerlich zusammenschnürten, dass ich mich kaum zum Arbeiten aufraffen konnte. Die Ärzte konnten mir nicht helfen; sie meinten, ich wäre organisch gesund. Es ist ein fürchterliches Gefühl, sich als Simulant abgestempelt zu wissen, obwohl man vor Verzweiflung fast nicht mehr leben kann. Für Eberhard war dies auch eine schwere Leidenszeit. Doch er stellte sich ganz tapfer zu mir, sorgte und betete für mich.*

*Morgens zwang ich mich aus dem Bett und erledigte die Hausarbeit, die ich gerade noch so schaffen konnte. Denn ich wusste, Passivität ist tödlich! Außerdem hörte ich viel Lobpreismusik und lernte haufenweise auferbauende Bibelstellen auswendig, um dem negativen Gedankensog etwas entgegensetzen zu können. Und dann weiß ich nur noch, wie Eberhard von einer Konferenz zurückkam, bei der sehr hingebungsvoll für mich gebetet wurde und von einem Tag auf den anderen war der auf mir lastende Druck weg. Aber nicht das bedrohliche Gefühl, wieder in ein Loch zu fallen! Noch Jahre danach lebte ich seelisch in einer „Hab-Acht-Haltung"! Ich bemühte mich, weniger angespannt zu leben und schützte meine Gedanken und Gefühle vor negativen Einflüssen. Dramatisch traurige Bücher oder Filme über Krankheit, Leid und Tod waren einfach nichts für mich. Dafür verfolgte ich umso mehr die Strategie, mich mit Lobpreis und dem Wort Gottes aufzuerbauen. Für mich und befreundete Fachleute ist es ein Phänomen, dass ich keine Probleme mehr mit Depressionen habe. Aufgrund meiner Erfahrungen habe ich in unseren Büchern[20] eine Reihe von praktischen Tipps zur Vorbeugung aufgeführt.*

**?**  **Und was ist auf deiner Seite passiert, Eberhard?**

**Eberhard:** Mich hat ein schwerer Herzinfarkt erwischt und das im blühenden Alter von 42 Jahren. Etwas, womit ich nie gerechnet hatte! Leider konnte ich die Symptome nicht richtig deuten und kam viel zu spät ins Krankenhaus. Nun gut, man kann mich wohl den Workaholics zurechnen, denn ich bin schnell zu begeistern und arbeite wirklich liebend gern. Ehe ich mich also versah, lag ich wie ein gefällter Baum, an Schläuche gefesselt, zwischen weißen Laken. Drei Tage schwebte ich zwischen Leben und Tod und die Ärzte mussten sehr um mich kämpfen. Für Claudia war dies eine unglaublich schwere Zeit. Doch sehr viele Freunde zeigten uns ihren Beistand und beteten für uns. Zu allem Unglück verlor Claudia in diesen Tagen auch noch ein Baby im vierten Schwangerschaftsmonat. Sie wurde glücklicherweise ins gleiche Krankenhaus eingeliefert. Da ich von ihrer letzten Fehlgeburt wusste, wie schwer sie so etwas verkraftet, ließ ich keine Ruhe, bis man mich vorsichtig im Rollstuhl zu ihr fuhr. Da hockte ich neben ihrem Bett und wir konnten nur Händchen halten und heulen. Überhaupt beieinander sein zu dürfen, war in diesen Momenten der größte Trost.

Selbst nach sechs Wochen Klinikaufenthalt konnte ich die Treppe in unserem Haus nicht hochgehen, ohne Pausen zu machen. Ich brauchte ein ganzes Jahr, um wieder zu Kräften zu kommen.

**?**  **Herzinfarkt, was ist das für dich für eine Botschaft gewesen?**

**Eberhard:** Erst einmal hatte ich viel Zeit, zu viel Zeit, zum Nachdenken und zum Beten. Natürlich war ich verzweifelt: Warum musste das ausgerechnet mir passieren? Ich stehe doch im Dienst für Gott! Was hat er sich nur dabei gedacht?

Wollte Gott mich züchtigen? War es ein Anschlag des Widersachers, um mich auszuschalten? Oder waren es meine Arbeitswut und Übereifer, die mich veranlassten, mehr zu arbeiten, als es mein Vater im Himmel von mir wollte?

Dieses schmerzhafte Bohren nach dem Warum konnte ich schließlich – auch mit Hilfe von Gesprächen mit weisen Freunden – gegen das Forschen nach dem Wozu austauschen: „Wozu ist es geschehen? Wie soll es weitergehen?"

Hätte es mich nicht so schwer getroffen, so hätte wohl kaum jemand meine Arbeitswut bremsen können – auch Claudia nicht. Vielleicht hätte ich dann das erlitten, was manchen Karrieretypen trifft: der Zusammenbruch einer harmonischen Familienbeziehung – und das als einer, der Familienbücher schreibt und eine Familienarbeit leitet!

Ich erkannte neu, was es heißt, leben zu dürfen. Was für ein Geschenk! Mitmenschen, Zeit und Aufgaben sah ich plötzlich in einem neuen Licht. Alles war auf einmal so kostbar! Da standen meine Kinder am Krankenbett, die Kleinste kuschelte sich zu mir unter die Bettdecke, und mich durchflutete eine unendliche Dankbarkeit: „Jetzt darf ich doch weiterleben und meine Kinder in ihr eigenes Leben begleiten!" Spätestens in solchen Momenten fasst man den Entschluss, die Zeit künftig anders einzuteilen und den Lieben immer den ersten Platz einzuräumen.

Ich spürte Gottes Nähe und Liebe in einer Intensität wie selten zuvor. Ich hatte Schmerzen, war erbärmlich schwach und von Zeit zu Zeit zutiefst verzweifelt und trotzdem umgab mich Gottes Nähe so, dass ich sie fast physisch wahrnahm. Ich wusste, er hatte mir ein neues Leben gegeben, damit ich ihm wieder dienen konnte – aber auf neue Weise!

**? Und wie wirkte sich diese neue Weise aus?**

**Eberhard:** Ich habe klare, eindeutige Prioritäten gesetzt und versucht, mich daran zu halten: Die Beziehung zu Claudia und zu meinen Kindern ist mir nun kostbarer als alles andere. Obwohl ich mir schon immer Zeit genommen hatte für meine Familie, jetzt nehme ich sie mir noch mehr und genieße sie! Die Lebens-Sanduhr läuft für jeden ab. Die Zeit, die wir mit unseren Kindern verbringen können, ist auf ein ganzes Leben gerechnet relativ kurz. Ich will sie auskosten!

Auch der Wert guter Freunde hat für mich eine wesentlich höhere Bedeutung bekommen. Und wenn man nichts dafür tut, hat man irgendwann nur noch oberflächliche Beziehungen. Ich frage mich nun: Wer soll zu meinen engen Freunden gehören? Und dann will ich mich auch investieren.

Ebenso haben Zeiteinteilung und Arbeit einen anderen Stellenwert bekommen. Ich möchte mich nicht mehr von dringenden Anfragen jagen lassen, sondern das Wesentliche erkennen und tun, die Dinge, in denen ich schwer ersetzbar bin und mit denen ich etwas Wesentliches hinterlasse. Und das ist am schwersten umzusetzen. Leider verflachen so existentiell wichtige Erlebnisse mit den Jahren, und auch ich bin Gefahr gelaufen, wieder ins alte Fahrwasser zurückzukommen.

## Die Ehe fit halten

**?** **Wir haben jetzt viel von eurer Familie und von Krisen gesprochen. Wie sah es denn mit euch beiden aus, mit eurer Ehe?**

**Eberhard:** Gut, da müssen wir den langen Zeitraum von mehr als dreißig Jahren betrachten. Also, wenn ich zurückblicke, kann ich sagen, dass es uns beiden aufgrund unserer Eigendynamik, auch aufgrund unseres Hangs zum Exotentum, recht gut gelungen ist, unsere Ehebeziehung fit zu halten – trotz der vielen Kinder.

Uns kam natürlich zugute, dass wir immer wieder die grundlegenden Themen zur Aufrechterhaltung einer guten Ehe zusammen durchbuchstabieren mussten. Wenn wir im Rahmen unserer Familienarbeit „Team.F – Neues Leben für Familien" zum Beispiel ein Seminar zur Romantik in der Ehe oder zur Kommunikation vorbereiteten und hielten, wurden wir selbst wieder dazu herausgefordert, an diesen Themen dranzubleiben. Wir standen also in der ständigen Herausforderung, auch wirklich das zu leben, was wir lehrten. Wie man sich fair streitet, neu Vergebung gewährt, miteinander betet, konnten wir ja schließlich in unseren eigenen Unterlagen nachlesen. Das hat uns enorm geholfen, Probleme rechtzeitig zu erkennen und anzugehen. Diese Themen im Kopf zu haben, ist eine Sache, dann aber Jahr für Jahr tatsächlich dranzubleiben der Erfolgstipp!

„Gott sei Dank" mussten wir keine existentiellen Krisen innerhalb unserer Beziehung durchbuchstabieren, das heißt, Claudia und ich haben unsere Zusammengehörigkeit nie in Frage gestellt. Obwohl man sich auch an Kleinigkeiten ganz gut in die Wolle kriegen kann.

**?** **Bei dreizehn Kindern, die ständig etwas wollen, kann es doch schnell passieren, dass der Partner zu kurz kommt. Wie habt ihr es geschafft, eure Beziehung frisch und lebendig zu halten?**

**Claudia**: *Du hast Recht, gerade wenn man eine große Familie hat und viel Rummel mit Gästen – sowohl von den Kindern als auch von uns –, wenn man einen Mann hat, der tagelang zu Seminaren unterwegs ist und dann zu Hause am Telefon belagert wird, dann muss man sich ganz bewusst Freiräume schaffen.*

*Wir haben uns immer wieder zugesprochen: Es darf sich nicht alles um die Kinder drehen! Die gehen alle einmal aus dem Haus ... Wir dürfen, ja, wir müssen sogar einen gewissen „Egoismus zu zweit" pflegen.*

**Eberhard:** Und da haben wir uns immer wieder etwas einfallen lassen. Das Gute bei vielen Kindern ist, dass ein Babysitter nicht das große Problem ist, da die Älteren den Jüngeren im Haus eine gewisse Sicherheit geben. Wir haben immer auf einen Eheabend pro Woche geachtet – das war ein nahezu heiliger Termin! Nichts wie weg: mal ins Kino, mal einen romantischen Spaziergang unternehmen, oder miteinander essen gehen. An solchen Abenden konnten wir die Kinder schnell vergessen und waren wieder ein spleeniges Liebespaar. Wir haben früher sogar ab und zu mit einem jungen kinderlosen Ehepaar die Wohnung getauscht, um eine garantiert ungestörte Nacht zu verleben.

**Claudia**: *Eine besondere Überraschung von Eberhard werde ich nie vergessen. Ich hatte wieder mal ein Stillkind und brauchte unbedingt einen Tapetenwechsel! Und was macht er? Er angelt sich ein Super super last-minute Angebot und fliegt mit mir für eine Nacht nach Mallorca. Länger konnte ich nämlich die Milch nicht halten. Und wir haben noch so manch andere Gags in unserer Ehe-Chronik ...*

**Eberhard:** Vergiss nicht, dass wir miteinander Sport machen. Seit meinem Herzinfarkt joggt Claudia nämlich mit mir ...

**Claudia:** *Sich von den Kindern loszureißen, einen Babysitter zu besorgen und alles im Voraus zu organisieren, ist natürlich ein großer Aufwand. Und man muss es wollen! Manche Paare können sich dazu nicht* *aufraffen. Einer völlig geschafften Mutter habe ich einmal angeboten, ihre vier Kinder für ein Wochenende zu nehmen, damit sie sich mit ihrem Mann eine schöne Zeit machen kann. Sie hat es ausgeschlagen. Hing sie zu sehr an den Kindern? War ihr das Zusammenpacken zu viel Arbeit? Hatte sie Beklemmungen davor, plötzlich so viel Zeit mit ihrem Mann allein zu verbringen? Ich weiß es nicht.*

*Hätten wir unsere Zeiten zu zweit nicht eisern durchgehalten, ich glaube, wir würden uns heute nicht so gut verstehen und lieben! Das waren sozusagen die „Vitaminstöße" für unsere Ehe.*

**?** **In einer Beziehung spielt natürlich auch die Kommunikation eine ganz große Rolle. Welche Erfahrung habt ihr da innerhalb eurer Zweisamkeit gemacht?**

**Claudia:** *Wir kennen zum Beispiel den Kommunikationskiller Fernsehen nicht. Dafür hatten wir einfach nie Zeit. Und ich habe festgestellt, dass wir die Zeit, die so manch einer vor dem Fernseher hängt, in „Miteinander-reden" umsetzen. Das betrifft das Gespräch zu zweit und natürlich auch mit unseren Kindern. Gerade, was Teenager betrifft, kann dabei – wenn man sich gut versteht – endlos Zeit draufgehen.*

**Eberhard:** Wir haben grundsätzlich nichts gegen das Fernsehen, wenn man vernünftig damit umgehen kann. Aber wir haben fernsehfrei geheiratet und sind dabei geblieben. Ich weiß noch, wie wir als verlobtes Paar abends so durch unser Wohnviertel spazierten, und aus nahezu jeder Wohnung leuchtete es uns graubläulich entgegen. Die Abendbeschäftigung des deutschen Bürgers! Da haben wir uns gesagt, auf so etwas lassen wir uns nie ein! Als die Kinder älter wurden, haben wir uns dann einen alten Fernseher und einen Videorecorder besorgt, die Empfangsteile ausbauen lassen und so ein Heimkino zusammengestellt. Damit können unsere Kinder gut leben, ohne sich benachteiligt zu fühlen.

Trotz unseres angespannten Lebens habe ich den Eindruck, dass wir, im Vergleich zu manch anderer Familie, überdurchschnittlich viel Zeit mit Spaß, Reden und Diskutieren verbracht haben und nach wie vor verbringen. Besonders bei und nach den Mahlzeiten.

**Claudia:** *Dabei geht es natürlich nicht ohne Vorsätze. Mahlzeiten als Gesprächsoasen zu nutzen, ist zum Beispiel ein guter Vorsatz. Obwohl es immer schwieriger wird, alle um den Tisch zu bekommen, je älter sie werden.*

*Wenn Eberhard zu Hause arbeitet, beten wir und sprechen den Tag durch, sobald die Kinder morgens das Haus verlassen haben. Wir sehen zu, dass zumindest einer von uns beiden verfügbar ist, wenn ein Kind aus der Schule kommt, um das Erzählbedürfnis aufzufangen. Es vergeht nahezu kein Abend, an dem Eberhard und ich nicht noch vor dem Schlafengehen den Tag kurz durchreflektieren. Und der Eheabend ist eine ideale Möglichkeit, all das, was sich in der Woche aufgestaut hat, loszuwerden.*

**Eberhard:** Bei den vielen Ehejahren, die wir schon auf dem Buckel haben, haben wir festgestellt, dass es auch wichtig ist, jedem einen gewissen Freiraum für sich selbst zuzugestehen: etwas eigenständig zu unternehmen, einem Hobby nachzugehen, Bücher zu lesen. Dann hat man mehr Themen, über die man sich austauschen kann. Wenn wir aufgrund von Vortragsreisen ein paar Tage getrennt sind, haben wir uns gleich mehr zu erzählen, als wenn wir die Zeit zusammen verbracht hätten. Romantik und Intimität leben auch von Nähe und Abstand.

**?** **Wenn ich so mit euch rede, merke ich, dass ihr vom Typ total unterschiedlich seid. Eberhard stark auf Menschen orientiert, aus sich herausgehend, und du Claudia stärker sachbezogen und zurückhaltend. Das muss doch zu Spannungen führen! Wie seid ihr damit umgegangen?**

**Eberhard:** Interessanterweise ist uns diese Unterschiedlichkeit in unserer jungen Ehe wenig aufgefallen und ich kann mich auch nur an wenig Spannungen erinnern. Ich denke, unsere große Verliebtheit ineinander und auch gegenseitige Bewunderung hat uns am Anfang vor Konflikten bewahrt.

**Claudia:** *Das lag aber auch daran, dass ich mich damals stark an dich und an die Erwartungen meiner Umwelt angepasst habe. Irgendwie ahnte ich als junge Frau, dass ich „anders" war, als die „typische" Frau* *und Mutter meiner Zeit. Mir fehlt die Warmherzigkeit, das „Kinder um sich scharen und verwöhnen wollen" oder anderen zu dienen. Das hat eher Eberhard. Ich möchte lieber öfter mal allein sein, etwas so richtig intensiv studieren, mit anderen diskutieren, und dabei kann ich manchmal sehr direkt sein. Das hat so weit geführt, dass ich früher manchmal gedacht habe, mit mir würde etwas nicht stimmen: So verhält sich eine richtige Mutter doch nicht!*

*Erst die intensive Auseinandersetzung mit den verschiedenen Persönlichkeitstypen und -unterschieden nach „DISG" hat mir geholfen, meinen Typ zu erkennen und zu akzeptieren und vor allem auch Eberhard mit seiner ganz anderen Art zu verstehen.*

**Eberhard:** Das wurde auch höchste Zeit, denn mit den Jahren fingen wir doch an, uns aneinander zu reiben, misszuverstehen und übereinander zu ärgern.

**?** **Was ist bis heute der größte Engpass in eurer Beziehung, der größte Schwachpunkt, an dem ihr immer noch arbeitet?**

**Eberhard:** Genau das, worüber wir eben sprechen: unsere Persönlichkeitsunterschiede! Claudia spricht Dinge manchmal zu direkt an und spürt die Zwischentöne nicht, was mir als empfindsamer Typ dann wehtut. Manchmal wünsche ich mir auch mehr Romantik, als es ihr cooler Typ benötigt.

Seit „DISG" weiß ich aber, dass dies einfach zu ihrem Typ gehört und keine böse Absicht ist. Da Claudia auch meinen Typ genauer kennt, gelingt es uns immer besser, auf die jeweiligen Bedürfnisse einzugehen und die Schwächen des anderen mit den eigenen Stärken auszugleichen.

**?** **Claudia, was ärgert dich bis heute am meisten an Eberhard?**

**Claudia:** *Dass er es nicht sofort sagt, wenn ihm etwas an mir nicht passt. Ich merke es ja leider nicht immer sofort, wenn er mit mir unzufrieden ist oder wenn er grummelt. Ich lebe unbefangen und fröhlich, bis ich dann irgendwann merke, dass ich wieder mal ins Fettnäpfchen getreten bin.*

**?** **Dreißig Jahre zusammenleben – das ist für heutige Begriffe eine sehr lange Zeit. Was hat eure Ehe im Kern gesund gehalten?**

**Claudia:** *Ich würde sagen Offenheit, die Bereitschaft, immer wieder über Konfliktpunkte miteinander zu reden, auch wenn es manchmal ein bisschen länger braucht, bis man so gewisse Dinge rausrückt. Tabuthemen sind der Tod für jede Beziehung!*

*Und wenn man miteinander wirklich offen reden kann, kann man auch gut miteinander beten. Ich meine jetzt nicht dieses Sechzig-Sekunden-Gebet: „Herr, segne mich und unsere Kinder." Unsere Anbetungs- und Fürbitte-Zeiten haben uns ganz gut durchgetragen, oder?*

**Eberhard:** Ja, ganz bestimmt. Von meiner Seite trägt aber auch eine stets vorhandene Hochachtung vor dieser großartigen Frau dazu bei, die sich auf mich Exoten eingelassen hat: zum Beispiel so viele Kinder aufzunehmen, meine abenteuerlichen Ideen zu teilen und mit mir ein Leben ohne finanzielle Sicherheiten zu führen. Ich bewundere nach wie vor diese tolle Persönlichkeit, auch wenn es zwischendurch immer mal wieder schwache Momente gab, in denen mich diese starke Frau irritierte und ich sie mir anders gewünscht hätte.

Hinzu kommt, dass Claudia mir auch immer eine gute Freundin und gute Liebhaberin war. Ich finde ihren Wissensdurst toll und ihre Bereitschaft, mit mir unstetem Typ immer wieder mal irgendetwas Verrücktes, Neues anzufangen.

**Claudia:** *Alle verrückten Ideen kamen grundsätzlich von ihm. Das schätze ich an Eberhard und habe auch keine Probleme, da mitzumachen, obwohl das eigentlich gegen meinen Persönlichkeitstyp spricht. Ich bewundere seine Fröhlichkeit und genieße es, von ihm umschwärmt zu werden.*

**?** Ein Punkt, den ich ganz wichtig finde, ist die Treue. Wie habt ihr das geschafft? Wenn ich nur daran denke: dreizehn Kinder, zwischendurch beengte finanzielle Verhältnisse, die Krisen, die ihr durchlebt habt und das alles über dreißig Jahre hinweg ... Was hat euch dabei geholfen, was habt ihr dabei als schwierig empfunden?

**Claudia:** *Wir haben unsere Beziehung mit einem starken Verliebtsein und großer gegenseitiger Bewunderung begonnen und alles daran gesetzt, das auch über die Jahre aufrechtzuerhalten. Dazu braucht man immer wieder Ideen, die kamen hauptsächlich von Eberhard.*

*Hinzu kommt der feste Entschluss, treu zu bleiben und Versuchungen – gedanklicher oder emotionaler Art – schon im Keim zu ersticken. Man muss aber auch darauf achten, dem Partner nicht unnötig einen Anlass zur Unzufriedenheit und Untreue zu geben. Ich möchte mich so verhalten, dass Eberhard die Treue leicht fällt: wenig Nörgeln, eine aufgeschlossene Gesprächspartnerin sein, ein gepflegtes Äußeres zeigen, meine weiblichen Reize für ihn ausspielen ...*

**Eberhard:** Das Gleiche gilt für mich im umgekehrten Sinne: Ich möchte für Claudia interessant und attraktiv bleiben. Sie umschwärmen und für Romantik sorgen, was mir nicht schwer fällt. Auf keinen Fall an Gewicht zunehmen – was nicht so einfach ist, da ich besonders Erdnüsse und ein Gläschen Wein zur Entspannung liebe. Ich will sie als Persönlichkeit ehren, anspruchsvolle Gespräche führen und mir Zeit nehmen, Entscheidungen gemeinsam mit ihr durchzutragen.

Wie jeder Mann muss auch ich mich ganz entschieden um sexuelle Reinheit in meiner Gedankenwelt bemühen. Da ist mir unser fernsehfreies Leben eine enorme Hilfe. Wer sich auf zu viele erotische Darstellungen einlässt, läuft immer Gefahr, mit dem Aussehen und der Art seines Partners unzufrieden zu werden. Ohne solche Vorsätze wird es Ehepartnern schwer fallen, sich ein Leben lang treu zu bleiben.

**?** **Ein wichtiger Punkt ist sicherlich auch das geistliche Leben, eure Beziehung zu Gott. Wie habt ihr das in eurer Ehe praktiziert?**

**Claudia:** *Unterschiedlich, so wie gerade die Zeit und die Notwendigkeit da war. Zur Zeit hat eigentlich jeder so seine eigenen Bibelstudien-Zeiten. Aber jeder interessiert sich für das, was der andere gerade liest, und wir reden ständig darüber. So habe ich quasi ein doppeltes Bibelstudium; einmal meins und dann noch Eberhards.*

**Eberhard:** Aber es vergeht wohl kein Tag, an dem wir nicht zusammen beten. Wobei wir nicht nur schön danke sagen wollen und dann unsere Fürbitte-Liste herunterrattern, sondern auch Gott anbeten und auf seine Impulse hören wollen. Das letzte ist gar nicht so einfach und gelingt auch nicht jeden Tag.

Aber ich spreche davon, wie wir es heute praktizieren. Um dahin zu kommen, brauchten wir einen längeren Lernprozess. Früher betete ich nicht gern mit Claudia zusammen – lieber für mich allein in meinem Arbeitszimmer. Darunter litt Claudia sehr und drängte immer wieder: „Bitte, lass uns auch zusammen beten!" Das tat ich dann zwar auch, aber nur wenn es Nöte gab. Es gibt ja das Sprichwort: „Not lehrt beten." Bis ich mich echt schämte, immer nur mit Claudia zusammen zu Gott zu kommen, wenn es brannte. Aber es hat viele Jahre gebraucht, bis wir den jetzigen Stil gefunden haben: getrenntes Bibelstudium, Austausch, gemeinsam beten.

**Claudia:** *Du musst aber berücksichtigen, dass unser Leben jetzt geregelter läuft als früher mit kleinen Kindern. Ich verstehe die Mütter, die keine Zeit zum Bibellesen und beten finden. Mir ging es genauso. Die Stillzeit war dann manchmal die „Stille Zeit"! Da darf man sich kein schlechtes Gewissen machen. Das Leben läuft nun mal in Phasen ab; nur die Verbindung zu Gott darf man dabei nicht verlieren. Früher habe ich mehr von deinen geistlichen Eindrücken gelebt, jetzt hat sich das ausgeglichen.*

*Wir sind ohnehin eine Familie, die sich gern und intensiv über der Bibel auseinander setzt, geistliche Themen beredet, Seminare besucht und, und, und ...*

*Regelmäßige Familienandachten bekommen wir mit unseren letzten drei Kindern während der Schulzeit nicht mehr hin – die hat Eberhard*

*früher mit dem großen Clan immer vorbildlich und abwechslungs-*
*reich gestaltet –, aber dafür kauen wir mit ihnen die Themen des Reli-*
*gionsunterrichts in der Schule durch, sprechen über Predigten und Ge-*
*meinde und was es sonst so an Fragen zu ihrer eigenen „Stillen Zeit"*
*gibt.*

*Dafür werden unsere Urlaube zu geistlichen Höhepunkten. Wir fra-*
*gen schon Monate vorher an, ob es ein Thema gibt, das die Kinder in-*
*teressiert und bereiten uns dann darauf vor. Einmal haben wir das Buch*
*der Sprüche durchgearbeitet, dann den Heilsplan Gottes, die Endzeit*
*oder den Galaterbrief ...*

**Eberhard:** Was uns beide betrifft, nehmen wir uns vor, einmal
im Jahr eine Konferenz oder Tagung nur zu unserer eigenen
Auferbauung zu besuchen. Gerade wenn man selbst sehr viel
referiert, tut es gut, selbst sitzen und zuhören zu müssen und
seinen Horizont über den eigenen Fachbereich hinaus zu erwei-
tern.

## Zukunftskonzepte und Lebensträume

**?** **Wie stellt ihr euch nun die nächsten Jahre vor? Welche Pläne**
**habt ihr als Ehepaar, wenn die letzten Kinder aus dem Haus sind?**
**So lange dauert das ja auch nicht mehr ... Welches Konzept habt**
**ihr für die Lebensphase ohne Kinder?**

**Claudia:** *Ich freue mich schon riesig darauf, denn die Kinderphase er-*
*scheint mir inzwischen endlos lang. Doch wir bekommen im Augeblick*
*bereits einen Vorgeschmack davon, wie es später einmal sein wird. So*
*viel, wie ich zur Zeit bereits mit Eberhard innerhalb unseres Vereins*
*und auf Seminaren zusammenarbeite, war früher gar nicht möglich.*

*Ich habe einen riesigen Wissensdurst. Verständlich, denn ich konnte*
*mir wegen des ganzen Kinderrummels in den letzten Jahren Themen*
*immer nur häppchenweise erarbeiten. Mich interessieren theologische*
*Themen, Seelsorgefragen, Supervision, Moderation, Themen zur Le-*
*bensbewältigung und zum Frausein in unserer Zeit – Erziehungsfragen*
*zu Kleinkindern habe ich langsam satt, dafür liebe ich Teenagerthemen.*
*Ich habe meine Scheu abgelegt und stehe inzwischen gern vorn und*
*referiere – am liebsten zusammen mit Eberhard.*

*Das klingt alles noch ein bisschen unsortiert. Aber so ist mein Leben zur Zeit auch noch; immerhin habe ich noch drei Kinder im Haus. Ich weiß, dass noch wunderbare Jahre vor mir liegen, und ich werde sie in vollen Zügen genießen. Aber so wie mir wird es vielen Frauen gehen, die sich bewusst in ihre Mutterphase eingegeben haben und sich danach neu orientieren müssen. Da haben es die Männer leichter.*

**Eberhard:** Das ist Ansichtssache. Meine Herausforderung ist, mich von bewährten Aufgaben und eingeschliffenen Bahnen freizustrampeln, was als Leiterpersönlichkeit gar nicht so einfach ist. Aber ich bin fest entschlossen, die organisatorische und strategische Leitungsverantwortung bei Team.F in den nächsten Jahren abzugeben und zwar lange bevor ich sechzig werde. Ich möchte mich wieder stärker inhaltlichen Dingen widmen, also Seminarthemen vertiefen und neu erarbeiten und jungen Leiterinnen und Leitern in unserem Verein und darüber hinaus ein guter Mentor sein. Ich bin einfach kein Sitzungs- und Vorstandstyp. Das habe ich lange genug machen müssen.

**?** **Habt ihr denn noch Lebensträume, die ihr euch unbedingt erfüllen möchtet?**

**Claudia:** *Diese Frage kommt für mich noch ein bisschen zu früh. Weißt du, dreißig Jahre lang habe ich nicht gewagt zu träumen, weil ich so fest in Familienangelegenheiten eingebunden war. Zu frühes Träumen hätte mich wahrscheinlich unzufrieden gemacht. Es ist so ungewohnt ...*

*Aber ich möchte aus unserem großen Haus raus und etwas kleines, pflegeleichtes haben; einfach weniger Haushalt und putzen. Und dann will ich die eben genannten Ziele unbedingt erreichen. Irgendwie möchte ich Eberhard auch mehr allein für mich haben – ich habe ihn immer teilen müssen, mit den Kindern, mit anderen Menschen. Ich möchte mit ihm reisen und das Leben genießen. Nicht nur Pflichten verspüren!*

**Eberhard:** Wenn ich an meine geistlichen Eindrücke und Anfänge als junger Mann zurückdenke, dann wollte ich damals zuerst in die Außenmission gehen, und als das nichts wurde, als klasse Bibellehrer tätig sein. Aber auch das hat Gott gewendet und mich in einen Dienst an Familien gerufen.

Ich erträume mir für meine letzte Lebensphase von Gott, mich zu diesen Ursprüngen zurückzuführen. Ich würde gern Missionaren und Einheimischen in Entwicklungsländern – Asien liegt mir besonders am Herzen – mit meinen Gaben dienen. Gottes Wort zu Frau- und Mannsein, zu Ehe, Kinder und Erziehung ist zeitlos und kulturübergreifend. Es reizt mich, genau das einem Hindu oder Moslem, der zum christlichen Glauben gefunden hat, zu erklären. Darüber hinaus würde ich gern noch Bibelkunde studieren. Der Bibellehrer steckt mir einfach im Blut. Du siehst, langweilig darf es für mich nicht werden. Wobei ich einsehe, dass ich alles langsamer anlaufen lassen muss als früher.

**?** **Letzte Frage, was sollen die Leute an eurem siebzigsten Geburtstag über euer Leben sagen, also in knapp zwanzig Jahren?**

**Claudia:** *Ich möchte, dass etwas Spürbares, Sichtbares zurückbleibt. Einmal bei meinen Kindern: Als sie jung waren, haben wir sie erzogen, sie konnten unser Leben beobachten und uns bei ihren Entscheidungen um Rat fragen. Ich wünsche mir, dass sie einmal sagen, dass mein Leben für sie ein Ansporn und eine Herausforderung war, ihre eigenen Werte und Lebensziele – besonders auch als Frau – zu finden, mit denen sie selbst glücklich alt werden können.*

*Das wünsche ich mir nicht nur in Bezug auf meine Kinder. Ich würde mich freuen, wenn viele Mütter sagen könnten, dass mein Leben für sie eine Ermutigung und Orientierung für ihre Mutterphase und die Zeit danach war. Ich möchte, dass sie an meinen Herausforderungen und Krisen sehen, dass es sich lohnt, auf Gott zu vertrauen und nach seinen Maßstäben zu leben.*

*Mit Siebzig möchte ich immer noch fit sein – geistlich und körperlich. Ich möchte mich niemals zur Ruhe setzen und um mich selbst drehen, sondern ein weites Herz behalten und mit den Kräften, die mir verbleiben, anderen beratend zur Seite stehen.*

**Eberhard:** Okay, wenn ich an meine Familie denke, dann würde ich mir wünschen, dass meine Kinder sagen: „Papa hat mich ins Leben hinein ermutigt. Er hat mich freigegeben und er ist mir jetzt ein guter Freund und Berater. Aber ich kann mein Leben gestalten, wie ich will."

Und was andere betrifft, wünsche ich mir zu hören: „Eberhard hat mir geholfen, in meine Lebensberufung hineinzufinden. Er war mir ein guter Mentor. Ich weiß, was Gott von mir will und ich traue es mir auch zu."

Dann wünsche ich mir, dass die Leute auf unser Lebenswerk schauen, und dass selbst dann, wenn wir bereits beim Herrn sind, unsere pädagogischen Ratschläge segensreiche Auswirkungen auf die nächsten Generationen haben.

# So habe ich meine Familie erlebt

 Wir baten acht unserer erwachsenen Kinder zwischen achtzehn und zweiunddreißig Jahren aufrichtig und ungeschminkt von ihren Kindheitserinnerungen zu berichten – ob nun positiv oder negativ. Natürlich hatten wir das in den letzten Jahren immer mal wieder gemacht, und dabei kamen auch schmerzliche Erfahrungen zur Sprache. Aber dieses Buch war ein guter Anlass, es einmal gründlich zu tun. Zu diesen drei Fragen erbaten wir eine Stellungnahme:

- Wenn du an unsere Familie denkst, was war/ist typisch für uns? Woran erinnerst du dich gern?
- Wo hast du einen Mangel verspürt? Was ist dir negativ in Erinnerung geblieben?
- Welche Werte/Lebenseinstellungen hast du mitgenommen?

## Was ist typisch für deine Familie? Woran erinnerst du dich gern?

Zu dieser Frage kamen viele übereinstimmende Statements. Zum Beispiel erwähnten alle den guten Familienzusammenhalt und vor allem die vielen Gespräche bei den Mahlzeiten. „Dabei war es immer laut und lustig, aber auch ernsthaft", lautet ein Zitat. „Wir saßen als Geschwister oder mit den Eltern häufig spontan zusammen. Treffpunkt war oft die breite Treppe im Flur. Dabei wurde viel geblödelt, aber ich fand es als jüngeres Kind toll, auch bei den ernsthaften Gesprächen über Glauben, Freundschaften oder Lebensplänen dabei zu sein. Ich fühlte mich sehr ernst genommen."

Zwei Schwiegertöchter beanstandeten zwar die lauten und hektischen Mahlzeiten. „Bei Mühlans geht alles schnell: Das Essen, Reden und Arbeiten!" Sie bewunderten jedoch ebenso den Zusammenhalt zwischen den Geschwistern.

Uns Eltern erstaunte, dass von allen befragten Kindern die wöchentliche Garten- und Arbeitszeit lobend erwähnt wurde. Zumindest heute im Rückblick! Wir können uns aber auch an so manche Meckerei und Unlust von damals erinnern. Der krönende Abschluss eines solchen Tages war in der Regel ein gemütliches Essen am Abend mit Erzählen, Spaß und Spielen.

Einige Zitate dazu: „Es machte einfach Spaß, mit Papa zum Baumarkt zu fahren, einzukaufen und danach zusammen zu arbeiten. Papa hatte viel Geduld und traute uns was zu. Manches hätte er alleine sicherlich schneller geschafft. Bei all dem habe ich ein gutes Händchen fürs Handwerkliche bekommen und vor allem Teamarbeit gelernt."

„Papa und ich waren ständig im Wettbewerb, wie man etwas noch effektiver und schneller machen kann."

„Toll war, dass Mama zwischendurch mit einem Eis oder Kuchen auftauchte."

„Am Ätzendsten war das Unkrautrupfen und Möhrenverziehen, bloß gut, dass es bald wieder etwas anderes zu tun gab."

„Mein heutiges zügiges Arbeitsverhalten habe ich von zu Hause mitgenommen. Ich bin gründlich, aber nicht pingelig und verstehe es, eine Sache bis zum Ende durchzuziehen."

Als typisch für Mühlans blieben auch die Familienandachten in Erinnerung. Da erinnern sich unsere Kinder an Details, die wir schon längst vergessen haben. In den ersten Jahren setzten wir uns immer nach dem Abendbrot zusammen, um zu singen und zu beten. Die Kleinen spielten dabei Bongo, schlugen Klanghölzer aneinander oder klapperten mit Löffeln. Beten konnte wer wollte. Als die meisten dann zur Schule gingen, hielten wir eine kurze Andacht vor dem Frühstück, die oftmals von demjenigen gestaltet wurde, der an dem Tag gerade Küchendienst hatte. In den Urlauben lernten wir zusammen Bibelverse auswendig. Hinterher bekam jeder eine Belohnung.

„Ich weiß heute noch die Bibelverse, die wir vor zwanzig Jahren auswendig gelernt haben, zum Beispiel die ‚Frucht des Geistes' aus

Galater 5,22 oder ‚So sehr hat Gott die Welt geliebt ...‘ und ‚Ich bin der Weg, die Wahrheit und das Leben ...“

„Mir steht noch vor Augen, wie wir im Urlaub im Bayrischen Wald um den Ecktisch saßen und miteinander die Verse aus den Sprüchen aufsagten: ‚Sechs Dinge sind es, die dem Herrn verhasst sind, und sieben sind seiner Seele ein Gräuel ...‘ Ich habe ganz schön lange gebraucht bis ich die sieben Punkte im Kopf hatte. Besonders der letzte hat mich beeindruckt: ‚... und wer freien Lauf lässt dem Zank zwischen Brüdern.‘ Papa hat den Begriff ‚Brüder‘ natürlich auf ‚Geschwister‘ übertragen.“

In den letzten Jahren verlagerten sich unsere Andachten dann vor allem auf die Familienurlaube. Es wurden regelrechte Bibelarbeiten daraus. Schon Monate vorher wurde beraten, welches Thema wir durcharbeiten wollten – den Galater- oder einen Korintherbrief, vielleicht den Heilsplan Gottes oder die Endzeit – und dann saßen wir oftmals stundenlang zusammen und diskutierten über die biblischen Themen.

„Die Bibelarbeiten im Urlaub waren einfach Klasse. Ich habe dadurch einen immer größeren Wissensdurst bekommen und es hat mich motiviert, selbst die Bibel zu studieren.“

„In den Teenie-Jahren hat es mir sehr geholfen, mit meinen Eltern über die Themen vom Religionsunterricht diskutieren zu können.“

„In meiner Erinnerung war Jesus einfach den ganzen Tag dabei. Wir unterhielten uns viel über Glaubensdinge und beteten oft spontan, wenn es ein Anliegen gab.“

„Ich kann mich immer noch an einige konkrete Gebetserhörungen erinnern und werde sie auch nie vergessen. Zum Beispiel das Geld für den Flug nach Israel, oder als wir nach langem Beten die Weide für die Ponys bekamen, oder wie wir plötzlich ein neues Auto hatten, oder wie einer von uns ganz schnell gesund wurde.“

Unsere Familienunternehmungen und die Urlaube blieben als etwas ganz besonders Schönes in den Erinnerungen der Kinder hängen. Da Eberhard an den Wochenenden sehr häufig zu Seminaren fort war, wurde der Mittwochnachmittag zum „Sonntag“ erklärt. Dann ging's ins Wellenbad oder in den Märchenwald, es wurde eine Wanderung oder eine Radtour gemacht, ein Freizeit- oder Tierpark durchkämmt, gebastelt oder gespielt.

Unsere Urlaube verliefen in den ersten Jahren aus Geldknappheit sehr einfach. Mit einem alten Wohnwagen und mehreren Zelten suchten wir uns eine einsame Stelle an irgendeinem See in Schweden oder Norwegen (damals war dies noch leichter möglich als heute) und führten ein uriges Trapperleben: Pilze und Beerensuche, Bootfahren und Angeln, Lagerfeuer und erzählen, erzählen, erzählen ... Für uns Eltern bedeutete das zwar auch Arbeit mit Essenkochen, Wäschewaschen und allem Drum und Dran und trotzdem kann keiner diese Zeiten vergessen. Sie gehören mit zu dem Wertvollsten im Familienzusammenhalt. Bei all der Hektik des Alltagslebens und den vielen Ansprüchen, die zu Hause von außen an uns gestellt wurden, waren diese Urlaube die Beziehungsoasen, von denen dann monatelang gezehrt wurde.

Weitere Erinnerungen, die genannt wurden:

„Wir hatten keinen Fernsehapparat. Ich hab ihn auch nie vermisst oder mich deswegen meinen Freunden gegenüber minderwertig gefühlt. Als sehr gut empfand ich, dass wir stattdessen ein Heimkino mit tollen Videos hatten. Außerdem haben sich meine Eltern bemüht, diesen Verlust durch unsere gemeinsamen Familienaktivitäten, unser Schwimmbecken und unsere Tiere auszugleichen. Meine Klassenkameraden haben unser Familienleben immer bewundert."

„Ich hab darauf gewartet, mit dem dreizehnten Geburtstag endlich ein Teenager zu werden. Denn ab dann sind meine Eltern mit dem Geburtstagskind immer ganz allein in ein Restaurant seiner Wahl gegangen."

„Meine Eltern hatten häufig interessante Leute zu Besuch: Missionare und Bibellehrer. Es war toll ihre Geschichten zu hören und einfach dabei zu sein."

„Meinen Eltern war jedes Kind wichtig. Ich habe mich gefühlt, als wäre ich etwas Besonderes. Sie haben unsere jeweiligen Begabungen herausgekitzelt, ob es nun Malen, Singen, Gitarrespielen oder Ballet war."

„Wir sind viel´ eingeladen worden. Offensichtlich konnte man uns fast überallhin mitnehmen."

„Feste waren immer etwas Besonderes. Jeder Geburtstag war toll und mit Überraschungen gespickt. Obwohl Papa sagte, dass Weihnachten für ihn das grässlichste Fest sei, feierten wir immer eine tolle ‚Jesus-Geburtstags-Party'. Einmal sogar mit ‚Luftballon zertreten' und ‚Reise nach Bethlehem'"

„Meine Eltern haben mir das Herz für Bedürftige geöffnet. Bei der Taschengeldauszahlung stand immer eine Dose für unser Patenkind in Indien in der Nähe und ich habe gern freiwillig meinen ‚Zehnten' dort reingetan. Einmal haben wir Weihnachten auf unsere Geschenke verzichtet und das eingesparte Geld unseren Missionarsfreunden in Pakistan gegeben."

„Mein jetziger Umgang mit Geld ist stark von meiner Familie geprägt. Wir haben früh Taschengeld bekommen und ab etwa der 5. Klasse alles mögliche davon bestreiten müssen. Als ich mit vierzehn Jahren Bekleidungsgeld erhielt, kam ich mir richtig erwachsen vor."

„Wenn ich etwas angestellt hatte und mich entschuldigte, gab es immer Vergebung. Es wurde auch nicht den Geschwistern erzählt oder mir ständig wieder aufgetischt."

„Irgendwie hatte ich den Eindruck, dass meine Eltern immer Zeit hatten, auch im normalen Alltag: Wenn ich aus der Schule kam, bei den Mahlzeiten, beim gemeinsamen Arbeiten."

„Für mich ist es eine schöne Erinnerung, dass ich nach der Schule gleich alles erzählen konnte, was ich auf dem Herzen hatte. Ich musste auch nie einen Schlüssel mitnehmen, weil immer jemand da war. Heute ist das schon mal anders."

## Worin hast du einen Mangel verspürt? Was ist dir negativ in Erinnerung geblieben?

Bei dieser direkten Frage war es für einige unserer erwachsenen Kinder endlich möglich, einmal das auszusprechen, was sie an schmerzhaften Erinnerungen und Verletzungen aus ihrer Kindheit in sich trugen, was konkret ihre Geschwister und auch uns Eltern betraf. Einige Vorfälle hatten sie verdrängt, andere nicht gewagt auszusprechen, einfach aus Wertschätzung ihrer Familie gegenüber oder um uns nicht wehzutun.

Die meisten Verlusterfahrungen verspürten unsere ältesten (angenommenen) Kinder. Trotz aller wunderbaren Familienunternehmungen waren wir in der Erinnerung einiger Kinder zu streng und dominant. Sie empfanden, dass wir zu viele Regeln aufgestellt und zu wenig Freiheiten gewährt haben.

Dies sind einige Empfindungen unserer ersten „Kindergeneration":

„Ich hatte häufig ohne Anlass Angst vor Strafen, weil ich eine Familienregel vielleicht nicht beachtet haben könnte."

„Ich hätte gern mal meine Wut rausgelassen und Paroli geboten, wie es meine ältere Schwester manchmal getan hat. Aber das habe ich mich einfach nicht getraut."

„Ich hatte Ekelgefühle und Abneigung gegenüber dem Jungen, der meine Schwester missbraucht hat. Ich ahnte, dass irgendetwas mit ihm nicht stimmte. Aber ich konnte dieses Gefühl nicht richtig benennen und aussprechen. Andererseits hatte ich Mitleid mit ihm, denn er stellte immer schlimme Sachen an und wurde dann von Papa bestraft."

„Als junger Teenager empfand ich wenig Freiräume, zum Beispiel, was das Aufbleiben betraf, oder abends weggehen, einen Tanzkurs machen, Treffen mit Klassenkameraden ... Ich hätte gern manches mehr mit meinen Eltern durchdiskutiert."

„Ich litt in der Teenagerzeit unter Minderwertigkeitsgefühlen. Ich hätte gern ein Hobby gehabt, das mir Bestätigung gegeben hätte. Aber da war nichts außer Gitarrespielen und die Mitarbeit bei den Kinderstunden in der Gemeinde."

„Mich haben Mamas Sprüche zu meinem Aussehen getroffen. Ich habe mich lange nicht so akzeptieren können, wie ich bin. Auch empfand ich, wenn ich gut und schnell arbeiten würde, bekäme ich mehr Anerkennung."

„Wenn ich beobachte, was meine jüngeren Geschwister jetzt so alles dürfen und wie selbstbewusst sie auftreten, werde ich richtig neidisch – obwohl ich nicht so empfinden sollte und es ihnen von Herzen gönne."

Aus der zweiten „Kindergeneration" kamen andere Erinnerungen:

„Als ich so acht oder neun Jahre alt war, fühlte ich mich im Vergleich zu meinen älteren Geschwistern so unbedeutend, einfach in der Masse untergegangen. Manchmal haben sie mich auch runtergeputzt und ich musste ihr ‚Laufbursche' sein. (Obwohl ich das mit meinen jüngeren Geschwistern später auch so gemacht habe.) Meine Mittelposition bei fünf Kindern war einfach problematisch."

94

„Ich habe mich gegen meine redefreudigen Geschwister abgegrenzt und beschlossen, die ‚Stille' zu sein. So habe ich viele Dinge mit mir selbst abmachen müssen."

„Papas Herzinfarkt war für mich so schrecklich, dass damit meine Kindheit schlagartig aufgehört hat. Damals war ich neun Jahre alt."

„Ich hatte Angst vor Strafen, wenn ich in manchen Schulfächern immer schlechte Noten nach Hause brachte."

„Ich fühlte mich bei allem Schönen, das wir erlebten, doch zu wenig beachtet und konnte einfach nicht über meine Gefühle sprechen. Ich weiß, meine Eltern wären sofort darauf eingegangen, aber irgendwie brachte ich es nicht fertig, sie anzusprechen. So blieb ich einsam."

„Ich habe die Meinungsverschiedenheiten meiner Eltern nicht mitbekommen und dadurch für meine eigene Ehe nicht streiten gelernt."

Wenn Erwachsene auf ihre Kindheit zurückschauen und Bilanz ziehen, zählt, wie sie damals als Kind in der betreffenden Situation empfunden haben und was sich dadurch in ihre Seele eingegraben hat, doch nicht unbedingt, wie die Eltern es gemeint haben oder wie es sich tatsächlich zugetragen hat. Je nach Persönlichkeitstyp oder Stimmung empfinden Kinder gewisse Situationen auch unterschiedlich. Die gleiche Strafe oder ein verletzender Ausspruch trifft das eine Kind schwer und ein anderes berührt es kaum. Hinzu kommt, dass manch ein angenommenes Kind phasenweise den Schmerz, von seinen leiblichen Eltern verlassen worden zu sein, unbewusst auf uns projizierte. Das verstärkte dann Einsamkeits- und Ablehnungsgefühle. Eine Persönlichkeitsentwicklung verläuft äußerst kompliziert und wohl nie ohne Verlusterfahrungen und seelische Verletzungen. Nur gut, wenn dies alles ausgesprochen werden darf und Versöhnung und Heilung stattfinden kann.

Einige Äußerungen unserer erwachsenen Kinder haben uns als Eltern sehr betroffen gemacht. Es tut uns heute außerordentlich Leid, dass so manches Kind es nicht wagte, uns zu widersprechen oder seine wahren Gefühle zu zeigen. Auch dass wir ihre Einsamkeitsgefühle nicht besser auffangen konnten, stimmt uns traurig. Wir waren als junge, unerfahrene Eltern einfach zu streng und strikt und konnten auf die Stimmungen und Gefühle unserer ältesten Kinder nicht so eingehen, wie wir es heute vermögen. Dazu stellen wir uns und wollen erst gar nicht anfangen, uns mit allen möglichen Gründen zu rechtfertigen ...

Mit drei unserer angenommenen Kinder haben wir keinen Kontakt mehr. Dazu gehört der Missbraucher unserer Tochter. Mit den beiden anderen haben wir mehrmals versucht, Gespräche zu führen und uns entschuldigt, wo wir bei uns Fehler in der Erziehung sahen. Sie haben sich dennoch entschlossen, ihre eigenen Wege zu gehen, ohne weiteren Anschluss an unsere Familie. Mit den übrigen Kindern haben wir uns aussprechen können und zu Einheit und Frieden gefunden. Einige Gespräche waren sehr ergreifend: Nicht nur wir, auch die Kinder haben sich für ihre Fehler und falsche Haltungen entschuldigt und nochmals ihre Dankbarkeit für unsere Opfer und Hingabe ausgedrückt. Eine Tochter sagte danach: „Jetzt, wo wir uns ausgesprochen haben, fühle ich mich richtig frei und endlich erwachsen!"

## Welche Werte und Lebenseinstellungen hast du mitgenommen?

Jede Familie entwickelt eine ganz eigene Kultur, die die Lebensgewohnheiten eines Kindes beeinflussen. Dazu gehören das Vorbild der Eltern, der Umgang mit den Geschwistern, aber auch die Lebensüberzeugungen und Werte innerhalb einer Familie.

Eine eigenständige Persönlichkeit zu werden bedeutet, sich mit den in der eigenen Familie erworbenen Gewohnheiten und Werten selbstkritisch auseinander zu setzen, sie mit den Werten und Überzeugungen anderer Menschen zu vergleichen, um schließlich für sich selbst formulieren zu können: „So und nicht anders will ich leben!" Das ist ein Prozess, der in den Teenagerjahren beginnt und sich bis weit ins Erwachsenenalter fortsetzt.

Auf die Frage nach ihren Werten und Lebensüberzeugungen antworteten unsere erwachsenen Kinder spontan:

„Familie ist eine Oase im Alltag, wo man lachen und weinen kann und Sorgen gemeinsam trägt. Ich möchte alles daransetzen, später einmal so ein Familienleben zu führen."

„Als Teenager wollte ich ein sexuell reines Leben führen. Ich habe früh geheiratet, möchte Kinder haben und bin zuversichtlich, sie auch gut erziehen zu können."

„Ich möchte Menschen nie anschreien. Ich habe erlebt, dass dies möglich ist."

„Selbst Ruhe und Gelassenheit ausstrahlen. Keine Hektik oder schlechte Laune an den Kindern auslassen!"

„Wahrhaftigkeit und Ehrlichkeit!"

„Durchsetzungsvermögen und Versöhnungsbereitschaft."

„Der christliche Glaube ist etwas Schönes und Lebenserfüllendes."

„Gott dienen ist wichtiger als Geld verdienen!"

„Ich gebe Gott mein Geld und meine Zeit!"

„Mit Jesus zu leben ist mein Lebenssinn. Gott hat einen Auftrag für mich. Ich möchte einmal Früchte ernten, die einen ewigen Bestand haben."

„Meine Persönlichkeit ist okay. Ich brauche nicht anders zu sein!"

„Nicht die Meinungen der Menschen um mich herum bestimmen mein Leben! Ich weiß um meinen Wert und meine Identität."

„Achte den anderen höher als dich selbst! Einen demütigen Menschen hat Gott lieb."

„Ich kenne Gott als liebevollen Vater und Versorger."

„Ich will mit Gottes Schöpfung verantwortungsbewusst umgehen!"

„Jeder Mensch ist wertvoll – auch Arme, Behinderte und vom Leben Benachteiligte."

„Man muss immer Vorrat haben, denn man weiß nie, wer zu Besuch kommt."

„Klotzen und genießen!"

„Sich in andere Menschen zu investieren ist wertvoll!"

„Bei Problemen erst einmal das Positive annehmen. Für fast alle Probleme gibt es eine Lösung."

„Da die Arbeit ohnehin gemacht werden muss, mache ich sie gleich fröhlich!"

## „Meine Eltern haben anderen Menschen nie zugestanden, persönliche Details aus meiner Vergangenheit zu erfahren..."

### Ein Bericht von Britta, 32 Jahre alt, verheiratet mit Achim, fünf Kinder

Da sitze ich nun auf dem Sofa. Es ist so aufregend und spannend. Meine Eltern sitzen mir gegenüber. Sie schauen mich an, sie hören mir zu. Alle Aufmerksamkeit ist auf mich gerichtet, und sie haben Zeit. Zeit mir zuzuhören, mitzuempfinden, und sie wollen mich verstehen. Auf diesen Zeitpunkt habe ich lange gewartet, sehr lange. Immer noch fühle ich mich in vielen Situationen wie ein Kind. Zweiunddreißig Jahre bin ich mittlerweile alt und trotzdem schaue ich auf zu meinen Eltern und frage mich, was sie jetzt wohl denken, wie sie entscheiden, was sie aus dieser Begegnung machen werden?

Die Erinnerungen aus meiner Kindheit prägen mein jetziges Leben und lassen mich immer noch hin- und herschwanken zwischen Gefühlen von Geborgenheit und Liebe und der Ungewissheit, ob ich wohl lieb und gehorsam genug bin. Zwiespältige Gefühle gehen mir dort auf dem Sofa durch den Sinn und meine Gedanken wandern zurück in meine Kindheit:

Viele Menschen, die uns damals besuchten, bewunderten unser gemütliches und ordentliches Zuhause. Oftmals kam ganz verwundert die Frage: „Ist es hier immer so friedlich? Wo sind denn die ganzen Kinder?"

Ich war stolz darauf, dass wir stets gern gesehene Gäste waren und meine Eltern mit uns fast überall hingehen konnten. Ich erinnere mich an die vielen christlichen Veranstaltungen, die ich geliebt habe. Mein Vater saß vorne mit den anderen Verantwortlichen auf der Bühne. Wir Kinder saßen bei unserer Mutter in einer Reihe. Wenn dann der Lobpreis begann und die Menschen sich von ihren Plätzen erhoben, machten wir gerne mit. Im Gottesdienst kam ich niemals auf die Idee, herumzutoben oder sonst wie aufzufallen. Wir fielen aber trotzdem auf, denn Papa stand vorne auf der Bühne und an seinem fröhlichen Blick erkannte ich: „Trau dich ruhig. Komm, wenn du willst!" Einige meiner Geschwister bemerkten ebenso diesen schelmischen Blick und rannten mit mir nach vorn. Mein Vater empfing uns mit offenen Armen und wir tanzten gemeinsam auf der Bühne. Eine kleine Aufforderung genügte und glücklich flitzten wir zu unseren Plätzen zurück. In meinem Herzen sang es: „Welcher Papa macht schon etwas so Tolles mit seinen Kindern wie meiner?"

Nach den Veranstaltungen kam es manchmal vor, dass meine Mutter gefragt wurde: „So viele Kinder, ach, sind die niedlich. Wer sind denn nun die Richtigen?"

Ich kleines Mädchen dachte, wie kann man nur so etwas Peinliches fragen? Ich hätte im Boden versinken können. Aber souverän und keine Widerrede duldend entgegnete Mama: „Also, wir sind alle eine Familie. Alle Kinder sagen Mama und Papa zu uns. Sie gehören alle zu uns!"

Ich hatte in meinem Leben niemals das Gefühl, als angenommenes Kind weniger wert oder weniger geliebt zu sein. Wenn ich meine Gedanken zurückschweifen lasse, dann sind da die Oasen völligen Glücks. Wie habe ich die vielen traumhaften Urlaube genossen! Wir campten mit Wohnwagen und Zelten, erkundeten die Natur und konnten uns so richtig austoben. Meine Mutter hatte uns Kapuzenponchos genäht, in denen wir wie kleine Zwerge aussahen. Im Wald suchten wir uns oft dicht zusammenstehende Fichten, zwischen die wir Zweige und Äste klemmten. So entstand eine Wohnung mit vielen Räumen, in denen wir – die Zeit total vergessend – „Zwergenwald" spielten. Einmal durften wir mit unserem großen Bernhardiner dort sogar übernachten, obwohl der Wald in einiger Entfernung vom Wohnwagen lag. Als mein Vater mit der Taschenlampe herumleuchtend spätabends noch einmal nach dem Rechten sah, zeigte sich dann doch, wer Angst hatte und lieber wieder seine Sachen packte.

Die Urlaube in Schweden waren ein Traum. Mit sechs Jahren lernte ich, ganz allein ein kleines Lagerfeuer zu machen. Jeder von uns hockte vor seinem eigenen Werk. Natürlich brannte nur dessen Feuer als erstes und am besten, der auch die Regeln beachtete. Hatte ich genügend Reisig gesammelt und dünnes Holz drunter gelegt, dann war ich die Beste.

Stundenlang fuhren wir mit dem Boot zum Angeln raus. Wir ruderten zu den einsamen kleinen Inseln, erforschten sie und durften sogar manchmal dort schlafen. Was trauten uns unsere Eltern doch alles zu! Wir konnten unsere eigenen Grenzen testen und manches Risiko eingehen. Angst kannte ich keine!

Meine Eltern lebten uns vor, zügig und gut gelaunt zu arbeiten. Die Arbeit musste erledigt werden, warum also nicht gleich fröhlich? Wir hatten zu Hause aber auch viel zu tun. Ich lernte Obst zu Marmelade, Kompott und Saft zu verarbeiten. Ich rupfte Hühner, Enten und Gänse. Im Herbst wurde Holz gesammelt und gehackt. Im Stapeln war ich besonders gut und tat es auch liebend gern. Nach solchen intensiven Arbeitseinsätzen gab es stets zünftige Erntedankfeste. Dann wurden in Gemeinschaftsarbeit viele Bleche mit Pizza belegt oder Hamburger beschichtet. Abends saßen wir anschließend im Wohnzimmer und schauten uns Dias oder Filme von früher an. Dabei wurde viel gelacht und Spaß gemacht, die Kleinen kuschelten sich bei den Großen ein und Papa erzählte, erzählte, erzählte ...

Manche mögen es mir fast nicht abnehmen wollen, aber Zeit gab es in meinen Augen bei uns unbegrenzt. Jede Woche hatten wir einen Familiennachmittag. Wir fuhren ins Badeparadies, im Sommer in alle möglichen Freizeitparks, wir machten Wanderungen und unternahmen Fahrradtouren.

Jeden Abend freute ich mich auf die Gutenachtrunde, bei der wir Lieder sangen und miteinander beteten. Morgens beim gemeinsamen Frühstück gab es eine kurze Andacht. Immer wieder wechselte die Form. Manchmal las der „Küchendienst" eine Bibelstelle vor und erläuterte sie anschließend.

In der Schule hatte ich keine Schwierigkeiten, meinen Glauben zu leben und zu bekennen. Warum auch? Das Leben meiner Klassenkameraden und ihre Art von Zeitvertreib und Hobbys waren für mich nicht einladend. Und wenn ich Klassenkameraden mit nach Hause nahm, wurde ich oftmals beneidet.

Die Werte, die meine Eltern mir mit auf den Weg gaben, lebten sie mir vor. Ich musste mich nicht irgendwie christlich verhalten, sondern es war ganz natürlich, einen freundlichen Umgangston zu wahren, vom Überfluss abzugeben und zu teilen. Bei allem finde ist es total bewundernswert, wie die Waage gehalten und nicht übertrieben wurde. Es gab eine ausgewogene und gesunde Ernährung und nachmittags ein paar Süßigkeiten. Fernsehen hatten wir nicht, es gab ja auch so genug zu erleben. Damit wir aber von Zeit zu Zeit einen Film ansehen konnten, hatten wir einen Fernseher ohne

Empfangsteil und viele tolle Videos. Natürlich musste Ordnung gehalten werden, aber das Äußerliche wurde nicht zum Lebensinhalt.

Eigentlich mussten meine Eltern nie sehr viel schimpfen. Wir kannten klare Regeln und wussten, wo die Grenzen lagen. Wenn meine Mutter etwas anordnete, wagte ich nicht mit ihr zu diskutieren, zu jammern oder ihre Anweisung anzuzweifeln. Ich habe nie erlebt, dass meine Eltern sich laut gestritten oder über andere negativ geredet haben. In meiner Familie gab es einen Umgangston, der Aggressionen nicht zuließ. Ich stritt mich zwar mit meinen Geschwistern, aber es gab verbale Grenzen und wir schlugen einander nicht. Wurde ein Streit dennoch zu deftig, zog ich mich lieber zurück, denn ich wollte keinen Ärger bekommen. Mein Vater war mit seiner Autorität sowieso der Stärkere. Lag Spannung in der Luft, weil ein Geschwisterkind etwas angestellt hatte, machte ich mich ganz klein und bemühte mich erst recht, alles richtig zu machen.

Da war aber auch eine Sehnsucht in mir, meine Gefühle in Worte zu fassen und nicht immer beherrscht sein zu müssen. Ich hätte gern einmal meine Wut rausgelassen oder gesagt, was ich ungerecht fand, besonders von einigen Geschwistern. Aber ich traute mich nicht, das zu sagen oder gar meinen Eltern zu widersprechen. Ich hatte nicht genug Stärke, meine eigene Meinung gegen ihre Meinung zu stellen. So habe ich viele Gefühle, manche Ungerechtigkeiten unter uns Kindern und auch Verletzungen in mich hineingefressen und mich dabei zunehmend einsam und unverstanden gefühlt. Warum habe ich nicht einfach meinen Schmerz zugelassen und hinausgeschrien? Wieder war da die Angst, damit etwas Verbotenes zu tun, die Geborgenheit meiner Familie zu verlieren.

Als Kind empfand ich den vorgegebenen Rahmen von Ordnung, Regeln und Gehorsam meistens als eine Sicherheit. Aber als ich ein Teenager wurde, fühlte ich mich zeitweise sehr stark eingeengt. Immer noch gab es pünktliche Zubettgehzeiten, zu denen immer Ruhe sein musste, und es war nicht einfach, abends zu einer christlichen Veranstaltung gehen zu dürfen. Ich war dann immer ganz niedergeschlagen, wenn ich nicht durfte, nur damit ich pünktlich im Bett war. Wir unternahmen als Familie zwar viele schöne Dinge, aber darüber hinaus hatte ich nur wenig Kontakte und Freundinnen. Ich hätte gern ein Hobby gehabt, aber traute mich nicht danach zu fragen. Und ich fühlte mich ständig wie ein kleines Kind behandelt und schwamm im Familienstrom mit, weil es so erwartet wurde.

Zu dieser Zeit hatten meine Eltern viel Kummer mit einem Pflegekind, was die ganze Familienstimmung niederdrückte. Außerdem forderten meine jüngeren Geschwister sehr viel Kraft und Aufmerksamkeit von ihnen. Also zog ich mich zurück und machte vieles mit mir selbst aus. Ich wollte einfach alles recht machen und bloß nicht durch Aufbegehren den Unmut meiner Eltern heraufbeschwören. Zu viel Nähe zu meinen Eltern blockte ich langsam ab und wartete darauf, erwachsen zu werden, um meine eigenen Entscheidungen treffen zu können. Meine Eltern merkten davon nichts.

Zu einem gewissen Grad konnte ich mit ihnen zwar tiefe Gespräche führen, die mir Nähe und Angenommensein vermittelten. Aber über meine Zweifel, meine Unzufriedenheit und verborgenen Sehnsüchte schwieg ich mich aus. Ich wusste ja, welche klaren Standpunkte meine Eltern vertraten und meinte, da gäbe es nichts zu diskutieren. Meine Sehnsucht nach Harmonie und Familienfrieden war so tief in mir verwurzelt, dass ich es nicht gewagt hätte, an irgendetwas Kritik zu äußern.

Doch Gott habe ich meine inneren Nöte immer bringen können, und ich wusste, irgendwann werde ich einmal darüber sprechen können – und nicht abgelehnt werden! Ganz still und leise verabschiedete ich mich als Jugendliche von meiner Familie und blieb doch Gefangene meiner Gefühle. Mit 17 Jahren ging ich für ein Jahr nach Israel – meinen Eltern habe ich es hoch angerechnet, dass sie mich darin unterstützt haben. Ich hatte einfach die Sehnsucht, allein zu sein, zur Ruhe zu finden, meine Entscheidungen selbst zu treffen. Als ich dann wieder nach Hause kam und meine jüngsten Geschwister beobachtete, wie sie unbefangen und frei aufwuchsen, wurde mir mein innerer Schmerz umso mehr bewusst. Wie kontrolliert und wohl dosiert ich doch meine Worte und Gefühle in Watte packte! Ruhelos wie ich war, engagierte ich mich bei einem Missionsprojekt in Pakistan, um dort Gott zu dienen und traf später aus Schmerz und Verzweiflung heraus folgenschwere Entscheidungen.

Mein Leben war von Anfang an unruhig und nicht vorhersehbar. Meine leiblichen Eltern, selbst auf der Suche nach Selbstverwirklichung und dem Sinn des Lebens, konnten ihrer Tochter nicht das geben, wonach sie sich sehnte. Ich sehe mich immer noch da stehen, ein kleines Mädchen von zweieinhalb Jahren: Mit meinem Stoffhund im Arm schaute ich fragend in die Welt. Ich wusste nicht, wo mein Platz war. Gab es ein Zuhause oder war ich nur auf dem Weg irgendwohin? Sollte dieses kleine Mädchen einen Ort finden, wo liebende Arme ihm Sicherheit und Zugehörigkeit geben werden?

Nun sitze ich also hier und schaue in die Augen meiner Eltern, die mich vor dreißig Jahren in ihre Arme geschlossen und mir ein Zuhause gegeben haben. Da ist diese Liebe, bedingungslos und voller Wärme, so wie nur Eltern ihre Kinder lieben können. Ich sehe aber auch Traurigkeit und Schmerz. Ich bin ihre Tochter und es ist hart, mir zuzuhören. Nun kann ich endlich alle aufgestauten Gefühle, meine Verletzungen und die empfundenen Ungerechtigkeiten aussprechen – und werde dabei nicht abgelehnt. Ich bleibe ihre geliebte Tochter. Alle inneren Zwänge und Fesseln fallen von mir ab. Meine Eltern bitten mich um Entschuldigung für ihre Versäumnisse. Und ich begreife, auch meine Eltern haben Fehler gemacht. Ich muss sie nicht vor anderen verteidigen, um ihre Liebe zu behalten. Wir liegen uns in den Armen und weinen.

Tage später wird mir bewusst: Das kleine Mädchen in mir muss nicht mehr im Schmerz zurückschauen. Ich bin nicht mehr hin- und hergerissen zwischen den vielen Erinnerungen. Ich löse mich von den Zwängen meiner Kindheit und werde endlich in meinem Denken und Handeln selbständig. Ich bin erwachsen geworden und schaue nach vorn. All das Wunderschöne und Traumhafte, was meine Erinnerungen mir wiedergeben, kann ich genießen. Ich liebe das Leben aus dieser neuen Perspektive. Es ist ein unbeschreibliches Gefühl, befreit und glücklich zu sein.

Eins ist mir noch wichtig zu sagen: Ich habe in der Vergangenheit förmlich die neugierigen Blicke gespürt und bin auch oft genug unverblümt gefragt worden, ob denn in unserer Familie alles nur bilderbuchmäßig abgelaufen sei. Viele Menschen wollten erfahren, was bei uns alles schief gelaufen ist. Doch meine Privatsphäre wurde stets geachtet und meine Eltern haben anderen Menschen nie zugestanden, persönliche Details aus meiner Vergangenheit zu erfahren. Dafür bin ich ihnen sehr dankbar. Es war immer ein gewisser Schutz, der mich so sein lassen konnte, wie mir zumute war.

Jetzt habe ich meine Gefühle preisgegeben. Ich habe mich selbst geprüft und empfinde nun, dass in meinem Leben etwas Neues beginnen wird.

Als erwachsene Frau kann ich meinen fünf Kindern warmherzige und aufrichtige Liebe geben. Wenn ich sie nicht selbst erfahren hätte, würde ich dazu kaum imstande sein. Schaue ich auf mein Leben zurück, so erfüllt mich Dankbarkeit und Frieden. Vieles hat seine Zeit gebraucht. Nun ist die Zeit da, in der ich die guten Früchte meiner Vergangenheit intensiver genießen und weitergeben kann. Ich bin zurückgekehrt an den Ort, wo ich Liebe, Freude und Frieden erfahre.

## „Meine Eltern verstanden es, unsere Begabungen aus uns ‚herauszukitzeln'..."

### Rückblick von Chris, 26 Jahre alt, verheiratet mit Tanja

Wenn ich an meine Kindheit denke, fällt mir zuerst der starke Familienzusammenhalt ein: Spaziergänge, Schlitten- und Skifahrten, besondere Ausflüge, Urlaube und Familienfreizeiten stehen mir sofort vor Augen. Ich erinnere mich an die gemeinsamen Mittagessen und viele andere alltägliche Situationen, in denen meine Eltern ein offenes Ohr für mich hatten. Trotz der vielen Kinder war der Einzelne, so habe ich es persönlich stark empfunden, für meine Eltern stets im Mittelpunkt des Interesses. Wenn ich mit meinen Sorgen ins Wohnzimmer kam und Papa gerade Zeitung las, nahm er sie sofort herunter und schaute mich aufmerksam an (genau so, wie er es in seinen Erziehungsbüchern schreibt).

Meine Eltern achteten außerdem darauf, dass jeder seine persönlichen Begabungen entfalten konnte, ohne dass andere Geschwister zur Konkurrenz wurden. Ich begann zum Beispiel mit 12 Jahren Gitarre zu spielen. Als mein zwei Jahre älterer Bruder Nico neugierig wurde und es mir nachmachen wollte, ermutigten meine Eltern ihn dazu, seine Begabung im Bereich des Malens auszubauen, damit kein Konkurrenzkampf aufkommen konnte. Jeder hatte seine Bereiche, in denen er gelobt wurde. Meine Eltern verstanden es, unsere Begabungen aus uns „herauszukitzeln".

Typisch für uns waren auch unsere wöchentlichen Arbeitseinsätze im Garten und Haus, bei denen wir gemeinsam „ganz schön ins Schwitzen kamen". Es machte mir viel Spaß, mit Papa einzukaufen und zu arbeiten. Ich konnte während dieser Zeit viel lernen und mit ihm gute Gespräche führen. Auch heute arbeiten und lachen wir noch gerne zusammen. Da wir sozusagen Nachbarn sind, gibt es immer wieder Gelegenheiten dazu. Wir haben nämlich die alte Doppelgarage auf unserem Hof zu einem Wohnhaus umgebaut, in dem Tanja, meine Frau, und ich jetzt wohnen.

Da meine Eltern im geistlichen Dienst standen, wurden wir häufig zu Familienwochen und Seminaren mitgenommen. Zuerst als Teilnehmer und dann als Helfer und Mitarbeiter. Ich habe mich dadurch wertgeschätzt gefühlt und die damit verbundenen Herausforderungen gerne angenommen. Anfangs half ich in Kindergruppen mit und später entwickelte und leitete ich zusammen mit Nico das Jugendprogramm auf Teenagerseminaren. Mama und Papa ermutigten uns ständig dabei und unterstützten uns, wo es nur möglich war.

Damals gab es in unserer Gemeinde keine weiteren Teenager in meinem Alter. Deshalb kam ich mir manchmal einsam vor, fühlte mich unbemerkt und ohne Anleitung. Meine Eltern versuchten das aufzufangen, indem sie mir und meinen Geschwistern ermöglichten, bei *King's Kids* Einsätzen mitzumachen (King's Kids ist ein Arbeitszweig von Jugend mit einer Mission, der international Kinder und Teenager in ihrem Glaubenswachstum fördert und sie herausfordert, offensiv für Jesus einzutreten. Das geschieht durch Sportcamps, Tourneen mit Musik und Tanz und praktische Hilfseinsätze.) Als dann meine älteren Geschwister und ich in ihrem Gefolge eine eigene *Praise Kids* Arbeit in unserer Stadt begannen, waren meine Eltern anfangs die Einzigen, die uns bei Schwierigkeiten und Problemen ermutigten. Diese enge geistliche Beziehung zu meinen Eltern hat mich schon in der Grundschulzeit dazu bewegt, einmal so werden zu wollen wie sie.

Auch mein jetziges geistliches Leben hängt stark mit diesen kindlichen Erfahrungen zusammen. Weil ich es gewohnt war, zu Hause in Gemeinschaft zu arbeiten, gibt es für mich selten Probleme, mich in ein Team einzugliedern.

Worin empfand ich einen Mangel? Mir wird inzwischen bewusst, dass ich mich als Teenager manchmal eingeengt gefühlt habe. Ich hatte den Eindruck, dass mir meine Eltern zum Beispiel Freundschaften mit Mädchen verbieten würden. Mir wäre lieber gewesen, wir hätten mehr über solche Dinge gesprochen. Dennoch war Sexualität bei uns kein Tabuthema. Ich hätte jederzeit Fragen stellen oder zu meinen Eltern kommen können. Trotzdem wäre es gerade während meiner Pubertät für mich leichter gewesen, wenn Papa das Thema öfter einmal angeschnitten hätte. Als ich dann aber mit Tanja befreundet war, nahmen solche Gespräche zu.

Die Erziehung meiner Eltern empfand ich als gradlinig, aber nicht zu streng. Es gab feste Regeln und ab und zu auch mal „etwas auf den Po". Dies geschah aber immer mit einer Ankündigung und nie unbeherrscht oder aus dem Affekt.

Ich erinnere mich: Wenn ich Mama gegenüber frech gewesen war, stellte Papa sich schützend auf ihre Seite. Diese Erlebnisse scheinen mich als Junge tief beeindruckt zu haben, denn ich ertappe mich heute oft dabei, dass ich auch meine Frau vor anderen zu schützen versuche.

So seltsam es klingt – mich hat es stark irritiert, dass ich niemals erlebt habe, dass meine Eltern lautstark stritten. Dadurch wusste ich nicht, dass es ganz „normal" ist, als Ehepaar Konflikte miteinander auszutragen. Es hätte mir geholfen, zu wissen, dass es Streit gibt und wie man ihn fair austrägt. So ging bei mir anfangs bei jedem Streit mit Tanja gleich „eine ganze Welt unter". (Tanja: „Für mich dadurch aber auch ...")

Auf der anderen Seite hat mich der Umgang mit meinen vielen Geschwister darin geschult, wie man sich schnell wieder versöhnt. Ich mochte die vielen Geschwister um mich herum. Es war mir nicht zu viel und ich habe mich auch in der Geschwisterfolge wohlgefühlt. Offensichtlich hatte ich eine günstige Position.

Eine unserer Familienregeln lautete, dass man sich bei Klassenfahrten oder Freizeiten nur zu Hause melden brauchte, wenn ein Notfall vorlag. Ließ man nichts von sich hören, war alles in Ordnung. Ich genoss das Vertrauen und meine Selbständigkeit. Als sich jedoch meine Eltern während meiner Zivildienstzeit, die ich in einer anderen Stadt verbrachte, an die gleiche Abmachung hielten und kaum anriefen, fühlte ich mich doch manchmal einsam, und ich hätte mir so manches Mal gewünscht, dass sie sich gemeldet hätten.

Wenn ich darüber nachdenke, welche Werte und Lebenseinstellungen bei mir am meisten hängen geblieben sind, fällt mir zuallererst mein hingegebener Glaube an Gott ein. Von Kindheit an war es mein größter Wunsch, Gott einmal wie meine Eltern vollzeitlich zu dienen. Ich habe gelernt, mir in meinem Leben bewusst Ziele zu setzen und alles darauf auszurichten, sie auch zu erreichen. Das gilt sowohl für biblische Werte als auch für die Ehe: Ich wollte nach dem Vorbild meiner Eltern ein reines Leben führen, heiraten und Kinder bekommen. Ich bin überzeugt, dass es auch in dieser Zeit noch möglich ist, Kinder nach biblischen Maßstäben zu erziehen. Meine Familie ist mir dabei das beste Vorbild.

Ganz besonders aber hat mich das Vertrauen meiner Eltern in Gottes Versorgung beeindruckt. Mir war immer klar, dass sich Mama und Papa in finanzieller Hinsicht Gott völlig anvertraut hatten. Ich habe miterlebt, wie wir als Familie ein Auto geschenkt bekommen haben, aber auch Zeiten kennen gelernt, in denen wir aus Geldmangel ein Auto verkaufen mussten. In allem fühlten wir uns sicher bei Gott aufgehoben und ich habe nie einen Mangel verspürt.

Heute gebe ich Gott genauso meine Zeit und mein Geld in der Gewissheit, dass er mich immer versorgen wird. Gerade in diesem Bereich habe ich schon viele Wunder erleben dürfen.

Als ich 19 Jahre alt war, befassten sich meine Eltern mit dem DISG-Persönlichkeitsprofil, bei dem man etwas über seine Stärken und Schwächen erfährt. Für mich war es aufregend, dass sie sich mit uns Älteren zusammensetzten und viel Zeit damit verbrachten, uns alles zu erklären und bei der Auswertung dieses Profils zu helfen. Bis dahin kannte ich meinen Persönlichkeitstyp noch nicht richtig und war deshalb auch immer wieder unzufrieden mit mir selbst. Das Profil half mir enorm, meine wahre Identität zu finden und mich so anzunehmen wie ich bin.

Alles in allem habe ich nicht nur meine Kindheit genossen und schätzen gelernt, sondern freue mich auch jetzt noch jeden Tag aufs Neue an einer sehr guten Beziehung zu meinen Eltern, die mir nach wie vor ein wichtiges Vorbild sind.

# Zukunftswerkstatt Familie – worauf kommt es wirklich an?

 In der Familie werden Kinder auf ein eigenständiges Leben vorbereitet. Sie ist die Werkstatt, in der an ihrer Zukunft geschmiedet wird. Mit den dort empfangenen *Werkzeugen zum Denken und Handeln* werden sie ihr Leben gestalten. Mit der dort erworbenen Geborgenheit und Sicherheit werden sie Beziehungen knüpfen und erhalten können.

Siegfried Buchholz, ein bekannter Managementberater, betonte auf einer Tagung für Führungskräfte: „Führung besteht zu einem Drittel aus Wissenskompetenz und zu zwei Dritteln aus Persönlichkeit. Wissenskompetenz lernt man in der Schule, Persönlichkeit in der Familie. Charaktereigenschaften und Wesenszüge wie Teamfähigkeit, Integrität, Selbstdisziplin, soziale Kompetenz, Selbstbewusstsein, Hilfsbereitschaft, Wahrhaftigkeit, Vertrauenswürdigkeit, lernt man nur als Kind zu Hause. Später ist niemand mehr daran interessiert, uns das beizubringen. Das wird im Elternhaus erlebt und trainiert und ist später nicht mehr vermittelbar, auch nicht in teuren Führungsseminaren.

Das größte Personalberatungsunternehmen hat 500 Führungskräfte der größten amerikanischen Unternehmen gefragt: ‚Wo haben Sie Ihre wichtigsten Führungsqualitäten gelernt?' An erster Stelle stand: zu Hause, in der Kindheit. Um zukunftsfähige Führungspersönlichkeiten zu entwickeln, müssen wir also möglichst viele gute, intakte Elternhäuser haben. Das ist unsere wichtigste Investition in die Zukunft. Es gibt sonst keinen Ort zur Vermittlung dieser Dinge."[21]

Wir haben für uns persönlich die vergangenen dreißig Erziehungsjahre ausgewertet, uns die Früchte – positiv wie negativ – vor Augen gemalt. Dabei schauen wir nicht nur auf unsere Familie, sondern auch auf unzählige andere Familien, die wir beobachtet und beraten haben.

Worauf kommt es wirklich an? Was gehört unbedingt dazu, damit Kinder zuversichtlich heranwachsen und als starke Persönlichkeiten unsere christlichen Gemeinden und unsere Gesellschaft gestalten können?

Wir haben in diesem Buch erarbeitet, dass sich die Persönlichkeitsentwicklung als Interaktion zwischen Eltern, Umwelt und kindlicher Persönlichkeit vollzieht. Sie ist kompliziert und nicht vorhersehbar. Zu viele Faktoren spielen eine Rolle. Wir haben das Ergebnis wirklich nicht in der Hand! Aber wenn die folgenden Dinge in einer Familie fehlen, haben Kinder ganz *schlechte Karten* für eine erfolgreiche Gestaltung ihrer Zukunft:

- Familiäre Geborgenheit
- Stärkung von Selbstvertrauen und Selbstwertgefühl
- Echtes Wahrnehmen und Ausdrücken von Gefühlen
- Anleitung zu Eigenständigkeit und Kompetenz
- Inspiration zu einem authentischen christlichen Lebensstil

Diese fünf Punkte finden Sie in den drei Etagen des *Familienhauses* wieder. Es ist das *Gebäude*, das alles zusammenhält!

## Familiäre Geborgenheit

Eine tief verwurzelte Urgeborgenheit in der Seele eines Kleinkindes, ein sicheres Zugehörigkeitsgefühl, das auch bleibt, wenn es Auseinandersetzungen gibt, das Empfinden einer Liebe, die sich nicht an Bedingungen knüpft – all dies gehört zu den kostbarsten Schätzen, die man einem Kind mit auf seinen Lebensweg geben kann.

Aber wer kann das schon ausreichend verwirklichen? Kaum ein Mensch, nur Gott unser Vater! Wir Eltern bringen unser eigenes schweres *Päckchen* aus unserer Ursprungsfamilie mit, leiden unter unseren Unzulänglichkeiten und teilen viel zu häufig seelische Verletzungen an unsere Kinder aus. Aber wir sehnen uns doch von Herzen danach, diese *Schätze* in die Herzen unserer Kinder zu pflanzen. Und diese Sehnsucht will Gott unterstützen! Je inniger wir selbst mit Gott unserem Vater leben, die Kind-Vater-Beziehung suchen und vertiefen, umso näher werden wir dem Ziel kommen.

Es gehören aber auch ganz praktische Dinge dazu. In unserem Familien-Handbuch[22] lesen Sie von den drei wichtigen „Z", die jede Familie braucht, um eine gute Familienatmosphäre zu schaffen: Zeit – Zuwendung – zündende Ideen!

Darum haben wir uns von Anfang an bemüht und trotzdem hatte ich zwischendurch immer wieder ein schlechtes Gewissen und den Eindruck, nicht genügend Zeit für die Kinder gehabt zu haben. Ich konnte es kaum glauben, als meine Großen bei der Auswertung ihrer Kindheit übereinstimmend schrieben, ihr Papa hätte genug Zeit gehabt. Ich meinte immer, meine Kinder würden mir einmal vorwerfen, ich hätte mich ihnen letztlich doch zu wenig gewidmet. So wie es leider vielen beruflich stark engagierten Männern und Frauen geht. Es gab schließlich auch Zeiten, da war ich in jeder Woche für einige Tage und Nächte unterwegs und zu Hause sehr stark im Büro eingespannt.

Wie kann dann ein Kind behaupten *„In meinen Augen gab es in unserer Familie unbegrenzt Zeit?"*

Es kann nicht nur an der Quantität, sondern muss auch an der Qualität der Zeit liegen, die man miteinander verbringt und vor allem an der Atmosphäre des Zusammenlebens. Das kann ein wichtiger Hinweis sein für die, die sich zeitlich stark unter Druck fühlen.

Ich habe bei meinen Kindern noch einmal genau nachgefragt, was bei ihnen dieses Gefühl des unbegrenzt Zeithabens bewirkt hat:

*„Wenn wir aus der Schule kamen, ging unser Weg am Fenster deines Arbeitszimmers im Kellergeschoss vorbei. Du hast uns immer zugewinkt und dann sind wir schnell zu dir reingeflitzt. Du hast alles zur Seite gelegt, uns auf den Schoß genommen und einige Minuten mit uns geschmust und uns zugehört."*

Nun gut, das war natürlich nur an den Tagen möglich, an denen ich auch zu Hause arbeitete. Dann konnte ich auch bei den Mahlzeiten dabei sein, die als Gesprächsoasen genossen wurden.

*„Aber du hast uns auch immer angeboten, bei Erledigungen bei der Bank oder Post und bei Einkäufen mitzukommen. Ich erinnere mich, wie du mich als Kleinkind auf den Tresen der Bank gesetzt und stolz verkündet hast, ich sei deine kleine Sekretärin und würde dich immer begleiten. Da habe ich mich aber gut gefühlt!"*

*„Wenn du mit mir Englisch oder Deutsch üben musstest, weil ich in den Noten abgesackt war, dann war das keine Strafe für mich. Ich habe*

*mich dann bei dir eingekuschelt und du hast Späße gemacht, zum Beispiel: Küsschen bei richtig und in die Nase beißen bei falsch."*

*„Bei Mama war es immer ganz toll, wenn sie allein mit einem Kind in die Stadt gegangen ist und uns vor allem beim Ausgeben unseres Bekleidungsgeldes beraten hat. Wenn sie dann auch noch ganz unerwartet etwas dazugegeben hat, waren wir überglücklich."*

Es sind also nicht immer nur die großen Ereignisse, die zählen, sondern gerade die kleinen Begebenheiten, das Fluidum, das man verbreitet, die Aufmerksamkeit, die man schenkt! Typgemäß fällt dies dem einen leichter und einem anderen schwerer. Aber wenn man nur will, kann jeder dazulernen!

„Liebe macht erfinderisch" ist uns ein wichtiges Sprichwort geworden. Wenn man sich bewusst für eine Familie entschieden hat, Prioritäten setzen will und sich auf seine Kinder freut, dann kann man auch erfinderisch werden ...

Kinder lieben Gags und Späße. Solche Kindheitserfahrungen werden nie vergessen! Sie sind wie *Pluspunkte*, die man bei ihnen sammelt und die später, wenn es in den Teenagerjahren kriselt und kracht, helfen, doch noch zusammenzustehen.

Ich kann mich nur an ein einziges Mal erinnern, wie meine Mutter mit mir als kleinem Jungen eine Kissenschlacht gemacht hat. Und was habe ich mich nach einer Wiederholung gesehnt – leider vergeblich!

Wir müssen uns heute viele unserer Gags von unseren Kindern erzählen lassen, weil wir sie teilweise vergessen haben. *„Also, Papa, beim Brötchenbacken in der Küche hast du die Teigbällchen hochgeworfen und natürlich auch mal an die Decke. Mama hat dann immer ganz entsetzt getan."*

*„Beim Nachhausefahren der Gäste nach dem Kindergeburtstag hast du immer im Auto ganz viel Quatsch gemacht. Wir haben geschrien vor Lachen. Was haben mich meine Freunde um meinen lustigen Papa beneidet."*

Nun gut, ich gebe zu, dass Spaßmachen einfach zu meinem Leben gehört und ich manchmal kaum zu bremsen bin. Aber auch Sie können durchaus auf Ihre eigene Art zu einigen unvergesslichen Erfahrungen für Ihr Familienleben beitragen.

Wie ein Ehepaar zusammenlebt, Konflikte bewältigt, einander Wertschätzung oder die *kalte Schulter* zeigt, prägt ebenso sehr das Zugehörigkeitsgefühl und die Geborgenheit eines Kindes innerhalb der Familie. Es beeinflusst vor allem, ob sie später selbst einmal eine Ehe eingehen wollen.

Unterschätzen Sie nicht den Einfluss Ihrer Ehe auf die zukünftige Lebensgestaltung Ihres Kindes! Rund zwanzig Jahre studiert Ihr Kind anhand Ihres Vorbildes, ob es sich überhaupt lohnt, selbst einmal zu heiraten. Viele junge Leute in unserer Gesellschaft sind zu einer ablehnenden Antwort gekommen. Deshalb sind wir sehr dankbar, dass unsere befragten Kinder Ehe und ein harmonisches Familienleben zu ihren Grundwerten zählen.

Es mag sein, dass unser *Loblied* auf intakte Ehen und Familien jetzt denjenigen Lesern wehtut , die den Zerbruch einer Beziehung durchleiden mussten und als Alleinerziehende oder mit einer „Patchwork-Familie" den Alltag bewältigen müssen. Wir wollen Ihnen mit unseren Worten ganz bestimmt nicht noch zusätzlich eine Last auflegen und weitere Schuldgefühle nähren! Wir können uns ausmalen, welche Schmerzen und Verzweiflung Sie durchlitten haben und wie sehr Sie sich nach dem Ideal einer „heilen" Familie gesehnt haben! Wir kennen viele Alleinerziehende, die ihre Kinder aufopferungsvoll und lebenstüchtig großziehen. Diese Aufgabe ist alleine viel, viel schwerer zu bewältigen als mit einem Lebenspartner, mit dem man sich versteht und der einen ermutigen und stärken kann, aber dennoch leichter als mit einem Partner, der alle guten Erziehungsabsichten blockiert und Zwietracht und Streit in die Familie trägt. Und nicht selten ist eine verheiratete Frau dennoch allein erziehend. Umso wichtiger ist es, sein Vertrauen ganz auf Gott zu werfen, gute Freunde und eine unterstützende Gemeinde zu finden.

Viele Kinder in unserer Gesellschaft bangen um ihre Eltern. Wenn sie sie streiten hören, durchzuckt es sie: „Werden sich meine Eltern auch so verkrachen und sich trennen, wie die von meinen Klassenkameraden? Was wird dann aus mir?"

Es gibt eine wichtige Faustregel: Wenn Kinder einen Streit ihrer Eltern mitbekommen haben, wäre es gut, auch von ihrer Versöhnung zu erfahren. Das beruhigt ein Kinderherz.

Nach den Aussagen unserer Kinder hatten wir in unserer Familie eher das umgekehrte Problem. Sie bekamen zu wenig Auseinandersetzungen mit und konnten dadurch keine richtige Streitkultur für ihre eigene Ehe entwickeln. Natürlich war es für sie wohltuend und es gab ihnen Sicherheit, dass es bei Claudia und mir kein gegenseitiges Anschreien und Fertigmachen gab; sie haben diesen Vorsatz ja auch in ihren eigenen *Werteschatz* übernommen. Claudia und ich stritten uns aber auch in Abwesenheit der Kinder nicht lautstark – wenn wir einen Konflikt nicht gemeinsam lösen konnten, schmollten wir eher und schwiegen uns an. Das ist halt die regressive Variante zum aggressiven Lautwerden. Aufgrund unserer eigenen christlichen Tradition war das Harmoniebestreben (Christen sind nicht wütend!) und unsere elterliche Autorität zu dominant, als dass die ältesten Kinder eine vernünftige Streitkultur und den Umgang mit Ärger und Wut hätten lernen können. Das haben wir damals leider nicht gemerkt. Durch den aufrichtigen Bericht unserer Tochter Britta sind uns die Augen für dieses Versäumnis geöffnet worden. Mit den jüngeren Kindern konnten wir da schon anders umgehen.

Uns ist nach wie vor wichtig, achtungsvoll miteinander zu sprechen und den anderen nicht zum Mülleimer der eigenen Unmutsgefühle zu machen. Ich-Botschaften, mit denen man ausdrückt, wie einem zumute ist, sind angemessener und müssen von Eltern wie Kindern geübt werden. Du-Botschaften, mit denen man den anderen nur angreift und fertigmacht, sollten vermieden werden.

Es ist besser zu sagen: „Deine Sprüche tun mir wirklich weh. Ich fühle mich echt gedemütigt", als zu schimpfen: „Hör auf mit deinen dämlichen Sprüchen, du Blödmann!"

## Stärkung von Selbstvertrauen und Selbstwertgefühl

Selbstvertrauen und ein gesundes Selbstwertgefühl gehören mit zu den wertvollsten Dingen, die man einem Kind auf den Lebensweg geben kann. Ein Mensch mit einem positiven Selbstwertgefühl kommt einfach besser durchs Leben als jemand voller Minderwertigkeitsgefühle. Besitzen Sie ein hohes Selbstwertgefühl, dann haben Sie eine positive, aber auch realistische Sicht von sich selbst, eine Zuversicht, die Ihnen ermöglicht, voranzukommen und selbst mit Fehlschlägen fertig zu werden. Sie wissen, dass Sie geliebt und etwas wert sind. Sie können sich selbst annehmen, so wie Gott Sie geschaffen hat und sich über das freuen, was er in Ihrem Leben tut.

Eine *Strategie zur Stärkung des Selbstwertgefühls* von Kindern haben wir in unserem „Familien-Handbuch"[23] detailliert beschrieben. Auch wie persönliche Begabungen erkannt werden und Schwächen durch die Förderung von Stärken kompensiert werden können. Der Vergleich mit den drei Farben einer Verkehrsampel ist dabei sehr hilfreich: „Das grüne Licht symbolisiert die Fähigkeiten eines Kindes. In diesen Bereichen ist es motiviert, es hat Erfolg und Freude. Die gelben und die roten Lichter stehen für seine begrenzten Talente. Im Gelb-Bereich kann es mithalten, jedoch nur durchschnittlich. Rot sind Gebiete, in denen es weder Freude noch Erfolg hat. Zur Erziehungsaufgabe gehört es nun, zu erkennen, wo die roten, gelben und grünen Bereiche eines Kindes zu finden sind, und es entsprechend zu fördern!"[24]

Das alles zu lesen und theoretisch zu wissen ist eine Sache, es dann aber wirklich umsetzen zu können wiederum eine andere. Die eigene Persönlichkeitsstruktur und der eigene Familienhintergrund spielen dabei eine große Rolle. Anerkennung aussprechen und ermutigen ist zum Beispiel etwas, was mir liegt, es gehört mit zu meinen Persönlichkeitsstärken. Claudia hat damit mehr zu kämpfen und musste das erst einmal lernen. Sie ist mit der Einstellung aufgewachsen: „Nichts gesagt ist schon genug gelobt!"

Bezeichnenderweise sagen einige Kinder: „*Wenn wir gelobt werden wollten, sind wir meistens zu Papa gegangen, und wenn wir etwas durchdiskutieren wollten, zu Mama.*"

Wenn auch Ihnen das Weitergeben von Anerkennung und Ermutigung nicht leicht fällt, Sie es immer wieder vergessen und eher die Versäumnisse Ihrer Kinder sehen und ansprechen, dann müssen Sie sich unbedingt in diesem Bereich schulen! Ein *Positiv-Tagebuch* ist dabei eine großartige Hilfe. Wenn Sie einen Terminplaner haben, dann tragen Sie sich dort jeden Abend ein, wann und wie Sie an diesem Tag Ihr Kind konkret ermutigt haben. Mag sein, dass Sie in den ersten Tagen sehr wenig einzutragen haben oder sogar einen Strich machen müssen. Aber nach einiger Zeit sind Sie so auf „Hab Acht" (Sie wollen sich ja auch nicht blamieren), dass Sie bewusster durch den Tag gehen und es doch schaffen, Ihrem Kind die Anerkennung zuzusprechen, die es unbedingt benötigt.

Halten Sie sich immer vor Augen: Lob und Ermutigung müssen im Alltag im Vergleich zu Tadel und Kritik unbedingt überwiegen!

Fachleute sprechen davon, dass auf einen Tadel mindestens drei konkrete Ermutigungen kommen sollten.

Ein Kind kann sich nur dann *selbst vertrauen*, wenn ihm Vertrauen zugesprochen und etwas zugetraut wird! Es kann sich nur dann *wertvoll* fühlen, wenn ihm das immer wieder gesagt und gezeigt wird.

Leider beobachten wir viele Kinder, die sich einfach zu wenig zutrauen und sich für nicht wertvoll erachten. Oft haben Eltern hier etwas versäumt, was sich auf das ganze Leben der Kinder negativ auswirken wird. Im Grundschulalter fällt es oftmals noch nicht so stark auf, in den Teenagerjahren jedoch umso mehr. Ein Teenager ohne ein gesundes Selbstvertrauen wird eher in der Masse mitlaufen, keine eigenen Überzeugungen entwickeln und schlechter Nein sagen können, wenn es um Verführungen wie Nikotin, Alkohol und Sex geht!

Kinder entwickeln Selbstvertrauen und Eigenständigkeit, wenn wir ihnen etwas zutrauen! Wenn unsere Kinder an ihre frühe Kindheit zurückdenken, dann sagen sie: *„Wir durften unsere eigenen Grenzen testen! Mama und Papa trauten uns etwas zu!"*

Esther wollte mit zwölf Jahren unbedingt an einem Missionseinsatz in Albanien mit einem Team der *King's Kids* teilnehmen – ganz allein ohne Geschwister. Mit bangem Herzen stimmten wir zu. Nach ihren Worten bestätigte und prägte sie dieser Einsatz in ihrem Wunsch Missionarin zu werden so sehr, dass sie nach dem Abitur für ein Jahr nach Asien ging und das Thema Mission nach wie vor in ihrem Herzen brennt.

Berücksichtigen Sie im Umgang mit Ihren Kindern bitte das Phänomen selbst erfüllender Voraussagen: Die Einstellung, Kinder könnten sich nicht verantwortlich verhalten, bringt in der Tat unverantwortliche Kinder hervor. Wenn Eltern häufig Sätze äußern, wie: „Pass bloß auf!", „Das muss ja schief gehen!", „Hast du wirklich nichts vergessen?", „Du bist aber auch ein Dummkopf!" – dann beeinflussen diese Botschaften ein Kind negativ in seinem Selbstvertrauen und seiner Kompetenz und es verhält sich dann auch dementsprechend. Umgekehrt entscheiden sie sich wesentlich verantwortungsbewusster, wenn ihnen häufig zugesprochen wird: „Das trau ich dir zu!", „Wag es ruhig! Ich helfe dir gern, wenn du nicht weiter kommst!", „Klasse, wie du das hinbekommen hast!", „Ich bin stolz auf dich!"

Unsere neunjährige Marie fährt allein mit dem Linienbus durch die Stadt. Sie studiert vorher den Busplan, weiß, wann und wie sie umsteigen muss und ist sichtlich stolz, dass wir es ihr zutrauen. Natürlich haben wir es vorher mit ihr geübt.

Um ein gesundes Selbstwertgefühl aufzubauen, ist es hilfreich, sich mit den verschiedenen Persönlichkeitstypen und –unterschieden zu befassen. Ein junger Teenager auf der Suche nach seiner Identität möchte unbedingt wissen: „Wer bin ich?" „Was kann ich?" „Worin bin ich einzigartig?" Unser Sohn Chris erwähnte, wie ihm unsere Gespräche über die Persönlichkeitsunterschiede und das Durcharbeiten von Persönlichkeitstests enorm zu seiner Identitätsfindung verholfen haben. In vielen tief schürfenden Gesprächen bemühten wir uns, unsere Kinder darin zu beraten, ihre Begabungen zu entdecken. Immer wieder haben wir ihnen zu diesem Thema Bücher empfohlen und ihnen zugesteckt.[25]

Einmal saßen wir auf der Terrasse zusammen. Unsere fünfzehnjährige Tochter lief ganz aufgelöst hin und her: „Mama, Papa, wer bin ich eigentlich? Ich weiß gar nicht richtig, wer ich bin. Die Ines ist die Elegante, die Esther ist der Freak, und ich, wer bin ich eigentlich?" Claudia schwieg eine Weile und sagte dann: „Mirke, ich hab's. Du bist unsere Sportliche!" Und damit traf sie den Nagel genau auf den Kopf. Mirke kleidete sich sportlich, fuhr wie ein Meister auf Inlineskates, und ihr größter Traum war ein Mountain-Bike. Nachdem diese ihr so wichtige Frage geklärt war, zog sie ganz erleichtert ab.

Kinder müssen sich über ihre Sorgen, Zukunftspläne und -ängste aussprechen können, sie müssen über das reden können, was sie sich zutrauen, sich erträumen oder was sie enttäuscht. Wenn sie sich darin ernst genommen wissen, stärkt es ihr Vertrauen in sich selbst und baut Zukunftsängste ab.

Absolut wichtig ist uns auch geworden, dass Kinder eine andere Meinung als ihre Eltern haben dürfen, dass sie widersprechen dürfen. Auch das gehört zum Aufbau eines gesunden Selbstwertgefühls.

Dabei kommt mir eine Szene in den Sinn, die sich kürzlich bei uns abspielte: Unsere Drei schauen sich in meinem Arbeitszimmer abends noch ein Video an und vergessen hinterher die Tür richtig zu schließen. Dadurch kann sich unser junger Hund nachts hineinschleichen und in meinem *Heiligtum* eine Verwüstung anstellen.

Erbost schimpfe ich am nächsten Morgen nur die Tochter aus, die mir gerade über den Weg läuft und fordere sie auf, das Zimmer wieder in Ordnung zu bringen. „Papa, das finde ich ungerecht", erwidert sie forsch: „Wir waren zu dritt. Warum nimmst du dir nur mich vor?"

Wir wünschen uns, dass unsere Kinder immer den Mund aufmachen, wenn sie sich von uns oder anderen Autoritätspersonen ungerecht behandelt fühlen.

Dass wir früher von einigen unserer Kinder als so mächtige Autoritäten wahrgenommen wurden, dass sie uns in manchen Situationen nicht zu widersprechen wagten, hat uns erschrocken und tut uns heute Leid. Mittlerweile lassen wir uns mehr hinterfragen und achten darauf, die Ansicht eines Kindes stehen zu lassen. Wir vergewissern uns auch, ob eine Anordnung oder Konsequenz von dem Kind als gerecht empfunden wird, indem wir direkt zurückfragen: „Sehen wir das so richtig oder fühlst du dich ungerecht behandelt? Möchtest du uns dazu noch etwas sagen?"

## Echtes Wahrnehmen und Ausdrücken von Gefühlen

„Süchte haben in unserer Gesellschaft Konjunktur. Seelischer und sexueller Missbrauch gehören schon fast zur Tagesordnung. Warum können sich manche Kinder dagegen wehren, während andere zu Opfern werden? Experten betonen, dass Eltern ihren Kindern im Zusammenleben vor allem zwei Dinge mitgeben müssen:

- ein starkes Selbstwertgefühl, damit sie in brenzligen Situationen Nein sagen können!
- ein gesundes Vertrauen auf die eigenen Emotionen, besonders auf unangenehme, warnende Gefühle!"[26]

Die Bedeutung von Emotionen in der Entwicklung eines Kindes und ein echtes Wahrnehmen und Ausdrücken von Gefühlen wurde in der Vergangenheit von Psychologen und Pädagogen stiefmütterlich behandelt. Erst 1990 wurde der Begriff *Emotionale Intelligenz* in der Fachwelt erstmalig benutzt, um emotionale Eigenschaften zu beschreiben. Seitdem spricht man nicht nur von einem IQ, dem Intelligenz-Quotienten, sondern auch von einem EQ, dem Emotionalen Quotienten.

Manche Wissenschaftler behaupten, der EQ sei sogar noch wichtiger als der IQ! Köpfchen allein reicht nicht aus, um beruflich und privat erfolgreich zu sein. Nur wer mit seinen Gefühlen und mit denen anderer Menschen klug umgehen kann, kommt im Leben wirklich weiter.

Erst als wir über dieser Thematik brüteten und mit Andreas Schröter das Buch „Total fertig oder voll gut drauf? Helfen Sie Ihrem Kind mit seinen Gefühlen klarzukommnen" herausgaben, wurden Claudia und mir die absolut große Bedeutung eines einfühlsamen Beachtens der Gefühle im Umgang mit Kindern deutlich. Wie wohl die meisten Eltern hatten wir bei unseren ersten Kindern einfach kein Konzept, wie man mit seiner eigenen Gefühlswelt und der seiner Kinder umgehen sollte und haben in diesem Bereich wohl die meisten Versäumnisse begangen.

Erst nachdem wir folgende Strategie erarbeitet hatten, konnten wir unseren jüngeren Kindern ganz anders begegnen:

# „Erste Hilfe" für wirre Gefühle

Kindern helfen, mit ihren Gefühlen zu leben, nicht gegen sie!

## 1. Gefühle akzeptieren!

Anstatt Gefühle herunterzuspielen oder zu leugnen, Gefühle einfach akzeptieren.

## 2. Gefühle nachempfinden!

Aufmerksam zuhören und in „die Schuhe" des jeweiligen Kindes schlüpfen, um die Umwelt mit seinen Augen wahrzunehmen.

## 3. Gefühle benennen!

Kinder wissen oft gar nicht, warum sie so empfinden. Versuchen Sie, dem Gefühl einen Namen zu geben. Dann kann es besser erfasst und ausgedrückt werden.

## 4. Gefühle ausdrücken!

Zeigen Eltern ihren Kindern keine angemessenen Möglichkeiten, ihre Gefühle abzureagieren, dann suchen sich Kinder oft zerstörerische Mittel. Hier sind einige angemessene Möglichkeiten:

- über Gefühle sprechen
- fröhlich und albern sein
- weinen
- beten
- schimpfen und ärgerlich sein
- sich körperlich abreagieren

(Kopieren Sie sich diese Seite und hängen Sie sie zur Erinnerung an einen gut sichtbaren Ort, etwa den Badezimmerspiegel oder die Kühlschranktür.)[27]

Einige unserer ältesten Kinder berichten aus ihrer Kindheit, dass sie gern einmal ihren Schmerz und ihre Wut herausgelassen hätten. Wir waren damals einfach hilflos und verstanden es nicht, ihnen konstruktive Möglichkeiten diesbezüglich aufzuzeigen. Inzwischen haben wir dazu Regeln erarbeitet:

1. Sprich über dich und deine Gefühle, aber greife den anderen nicht an!
2. Benutze keine verletzenden Ausdrücke oder schmutzigen Schimpfwörter!
3. Werde nicht handgreiflich. Sage dem anderen, was dich stört – nicht mit Fäusten, sondern mit Worten!
4. Lass deinen Ärger nicht an Unschuldigen aus![28]

Bei folgender Szene aus den letzten Jahren hätten wir früher nicht so einfühlsam reagieren können: Unsere Vierzehnjährige kommt mit einigen Schrammen an Arm und Gesicht von der Schule nach Hause. Sie war mit dem Fahrrad gestürzt. Das Weinen mühsam unterdrückend setzt sie sich an den Mittagstisch. Claudia spricht spontan das erlösende Wort: „Nun komm schon, mein Schatz. Wein ruhig, das wird dir gut tun." Wie erlöst kuschelt sich das Mädchen bei ihr ein und lässt den Tränen freien Lauf. Die Schrammen waren aber nur die Spitze des Eisberges. Einmal den Eltern gegenüber offen, erzählt sie unter Schluchzen, dass sie am Morgen erfahren hat, dass ihr Lieblingslehrer gestorben sei. Jetzt kann sie ihren Kummer darüber so richtig rauslassen. Doch wenn Claudia nicht so warmherzig auf sie eingegangen wäre, hätte sie ihn wahrscheinlich in sich hineingefressen.

Die Pubertät eines Kindes mit den damit einhergehenden hormonell bedingten Gefühlsschwankungen ist wohl für jede Familie eine besondere Herausforderung. Eltern, die bereits mit ihren jüngeren Kindern den ausgewogenen Umgang mit Gefühlen bewusst thematisieren, können, was emotionale Turbulenzen betrifft, relativ gelassen den Teenagerjahren entgegenblicken.

Als unsere ersten Kinder in die Pubertät kamen, konnten wir mit ihren emotionalen Schwankungen nicht besonders gut umgehen. Je nach Typ gab es kräftigen Streit oder das Kind zog sich vor uns zurück. Glücklicherweise haben wir dazugelernt und konnten dann auf die weiteren Kinder, die in die Pubertät kamen, ganz anders eingehen. Ihre teilweise heftigen Gefühlsschwankungen, patzigen oder eingeschnappten Reaktionen federten wir viel besser ab. Früher nahmen wir solche Ausbrüche leider persönlich und reagierten entsprechend gereizt. Da wir inzwischen kapiert haben, dass emotionale Ausbrüche meist nicht persönlich gemeint, sondern hormonell bedingt sind, können wir auch besonnener reagieren und antworten: „Ich kann nachvollziehen, dass dich das alles aufregt. Trotzdem solltest du dich bemühen, uns nicht fertig zu machen." Hat ein Teeny in den Jahren zuvor außerdem auch noch gelernt, seinem Ärger in „Ich-Botschaften" Luft zu machen, kommen Eltern und Geschwister ohnehin besser damit zurecht.

Manchmal hockte unsere Tochter jammernd im Wohnzimmer und sagte immerfort: „Ich weiß nicht, was mit mir los ist. Ich weiß nicht, was mit mir los ist!" Nur gut, wenn ein Teeny solche Gefühlsschwankungen nicht allein und einsam mit sich in seinem Zimmer ausmachen muss, sondern sich in so einer deprimierenden Stimmung zu seinen Eltern flüchten kann. Wie oft haben wir sie einfach in den Arm genommen, ihr unsere Wertschätzung zum Ausdruck gebracht und ihr erklärt, dass die hormonellen Veränderungen in der Pubertät Kinder ganz schön ins Trudeln bringen können.

Das einfühlsame Wahrnehmen und Umgehen mit unseren Gefühlen hat unser Familienleben in den letzten Jahren mit am stärksten verändert. Wir leben gern zusammen!

## Anleitung zu Eigenständigkeit und Kompetenz

In unserer hoch technisierten, immer komplizierter werdenden Welt hat eine Erziehung zu Eigenständigkeit und Kompetenz eine herausragende Bedeutung. Nach den Worten des Managementberaters Siegfried Buchholz ist die Familie dazu genau der richtige Ort. Was man da nicht gelernt hat, kann man später kaum nachholen! Wer künftig beruflich gut vorankommen will, muss Flexibilität und Teamfähigkeit vorweisen. Die Ankündigung von Experten, dass man in Zukunft nicht erwarten dürfe, in dem einmal erlernten Beruf sein ganzes Leben lang tätig sein zu können, sondern sich darauf einstellen müsse, sein ganzes Leben zu lernen und mobil zu bleiben, kann einem Angst einjagen.

Einerseits hören wir derart hohe Anforderungen aus der Wirtschaftswelt und andererseits klagen Jugendleiter und Ausbilder, dass viele Teenager heute so stark *verkopft* seien, dass sie praktische Aufgaben kaum noch fertig brächten. Manche sind gut im Diskutieren, aber schlecht im Zupacken. Sie *stolpern* regelrecht über die Arbeit, aber *sehen* sie nicht von selbst, und wenn etwas eigenständig erledigt werden soll, geht es tüchtig daneben.

Stößt man auf solch einen Jugendlichen, kann man in der Regel davon ausgehen, dass im Elternhaus nicht viel Wert auf Mithilfe, sprich Teamarbeit, gelegt wurde und auch sonst wenig praktische Arbeiten erwartet wurden. Ursache ist häufig die Kombination von gedankenlosem Vater, überfürsorglicher Mutter und bequemem Kind.

Aber wie bringt man einem Kind nun Eigenständigkeit und Kompetenz bei? Den guten Mittelweg zu gehen, dass ein Kind zwar gefordert aber nicht überfordert wird, ist nicht einfach. Wenn Eltern keine durchdachte Strategie verfolgen, neigen sie dazu, entweder ihren Kindern zu viel abzunehmen oder zu viel von ihnen zu erwarten.

Dass unsere erwachsenen Kinder ihre Arbeitszeiten so lobend erwähnen und betonen, dadurch hätten sie Teamfähigkeit, handwerkliches Geschick und einen zügigen Arbeitsstil gelernt, liegt unter anderem an dem klaren Konzept, das wir damals schon verfolgt haben. Dieses Konzept kann mit den folgenden Eigenschaften umschrieben werden: gemeinsam, freudig und ermutigend, zutrauend, gerecht, gabengemäß und überschaubar.

Kinder möchten mit ihren Eltern zusammensein. Es ist ganz ungunstig, wenn Eltern ihnen eine Aufgabe zuteilen, wie etwa das Auto waschen, den Hof fegen oder Unkraut rupfen, und dann verschwinden. Ein „Haupt-Fun-Faktor" in unserer Familie war der, dass Claudia oder ich mitarbeiteten oder zumindest in der Nähe etwas anderes machten. Denn nur dann kann man ein Kind auch ermutigen und Spaß miteinander machen. Und bitte geben Sie einem Kind nicht nur die geringen Hilfsarbeiten. So etwas Langweiliges wie Unkrautzupfen oder Möhrenverziehen muss zwar auch gemacht werden, aber es gibt auch Fahrräder, die fachmännisch gewartet werden müssen oder eine Zimmerdecke, die mit

Profilholz oder Dekorplatten verkleidet wird. Zu solchen anspruchsvollen Arbeiten sollten Kinder genauso hinzugezogen werden, auch wenn man es allein schneller erledigen könnte. Denn gerade dabei lernen sie handwerkliche Fähigkeiten. Es ist einfach spannend, wenn man zuerst zusammen ein Heimwerker-Handbuch studiert, dann einkaufen geht und anschließend das Werk gemeinsam angeht. Hinterher kann man sich strahlend auf die Schulter klopfen und miteinander feiern.

Es muss aber auch gerecht zugehen! Die Jüngeren brauchen zwar nicht genauso lange zu arbeiten, wie die älteren, aber ein geschicktes Kind darf auch nicht häufiger beansprucht werden als die anderen. Es sei denn freiwillig oder man steckt ihm dafür eine extra Entlohnung zu. Bitte auch den Mädchen nicht nur die typisch *hausfraulichen* Aufgaben zuteilen und den Jungen die *handfesten*. Achten Sie auf die jeweiligen Fähigkeiten. Manches Mädchen reizt es nämlich, so etwas richtig Handwerkliches zu lernen! Eins unserer Mädchen sagte lobend: *„Bei uns wurde beim Arbeiten kein Unterschied gemacht. Alle mussten alles tun!"* Damit meinte sie wahrscheinlich vor allem, dass die Jungen genauso Küchendienst hatten und Fenster putzten wie die Mädchen.

An so einem Arbeitsnachmittag legten wir häufig den ganzen Katalog an aktuellen Erledigungen vor und ließen auswählen, wer was tun wollte. Es war interessant, wie manch einer lieber eine puzzelige *Drinnen-Arbeit* wählte und ein anderer sich auf eine schwere *Draußen-Arbeit* stürzte – je nach Typ.

Ein überschaubarer Rahmen ist ebenso wichtig. Kinder müssen wissen, wann etwas erwartet wird und wann sie fertig sind! Es gibt nämlich Schaffertypen unter Eltern, die immer etwas zu verteilen haben, wenn ihnen ein Kind über den Weg läuft: „Schön, dass ich dich sehe, kannst du nicht mal schnell ...?", „Bevor du gehst, erledige doch ...!" Kein Wunder, wenn sich dann die Kinder schnell verdrücken, weil es ständig nach Arbeit riecht. Wir kennen ein Mädchen, das unbedingt so früh wie möglich auf eine Gesamtschule gehen wollte, weil sie zu Hause stets unter diesem Erwartungsdruck stand.

Unsere Erwartungen wurden früher stets im Familienrat abgesteckt: Der Küchendienst wurde gerecht eingeteilt; bei so vielen Kandidaten war das höchstens einmal die Woche. Jeder hielt sein Zimmer selbst in Ordnung und etwa zwei Stunden zügige Arbeit pro Woche im Haus oder Garten fand keiner zu viel. Das Tolle war: Wer länger machte, konnte sich Geld damit verdienen.

Wir wissen, dass die wenigsten Familien auf so einen umfangreichen *Arbeits-Angebots-Pool* zurückgreifen können, wie wir früher. Auch bei uns hat sich inzwischen einiges geändert. Wir haben zum Beispiel keinen auf die Kinder verteilten Küchendienst mehr. Aber es ist eine klare Regel, dass jeder, der am Tisch sitzt, hinterher auch mit dafür sorgt, dass die Küche in Ordnung gebracht wird. Auf diese Weise wird einer *Bedien-Mentalität* vorgebeugt und Teamarbeit gefördert. Unsere gemeinsamen Arbeitszeiten haben wir immer noch, aber nicht mehr wöchentlich. Und es gibt nach wie vor die Möglichkeit, sich etwas dazuzuverdienen.

Jede Familie muss diesbezüglich von ihrer eigenen *Ist-Situation* ausgehen und die Aufgaben im Familienrat auf den Tisch bringen. Es ist lächerlich und wird auch von den Kindern schnell durchschaut, wenn man sich nur *Arbeitsbeschaffungsmaßnahmen* aus den Fingern saugt. Der Bedarf muss realistisch eingeschätzt werden und dann kann man auch in einer Kleinfamilie gemeinsam auf das Ziel Eigenständigkeit und Kompetenz bei Kindern zusteuern.

## Inspiration zu einem authentischen christlichen Lebensstil

„Pfarrers Kinder, Müllers Vieh geraten selten oder nie!", lautet ein altvertrautes Sprichwort. Kinder von *Seelen-Fachleuten* oder bekannten christlichen Persönlichkeiten haben es nicht leicht. Sie fühlen sich oftmals unter Druck gesetzt – von ihren Eltern und von der Öffentlichkeit. Dieses Im-Rampenlicht-stehen macht es ihnen schwer, ihre eigene Identität zu finden. Und wenn einige unglückliche Konstellationen aufeinander treffen, entscheiden sie sich eventuell, einen ganz anderen Lebensweg einzuschlagen als den ihrer Eltern, nur um zu sich selbst zu finden.

Nach ihren Angaben haben die meisten unserer Großen wenig darunter gelitten, Kinder bekannter *Erziehungsspezialisten* zu sein. Eins von ihnen wäre ganz gern ab und zu unter einem anderen Namen aufgetreten, einfach, um den neugierigen Blicken und Fragen auszuweichen und um sich so zu geben, wie ihm zumute ist.

Unsere Tochter, die sich gerade an einem neuen Studienort einlebt, sagte: *„Zur Zeit kennen mich alle nur mit meinem Vornamen. Wenn sie demnächst erfahren, wie ich mit Nachnamen heiße, bin ich glücklicherweise bereits aufgrund meiner Persönlichkeit akzeptiert und nicht nur wegen meines Namens."*

Die anderen Kinder fanden es meistens amüsant. Wenn sie zusammensitzen und sich gegenseitig die Anekdoten erzählen, wie andere *entdeckten*, dass sie eine oder ein *Mühlan* sind und wie die Reaktionen darauf waren, wird viel gelacht und manchmal auch nur über manche Plumpheit der Kopf geschüttelt.

Die Kinder bestätigten uns, dass wir ihre Privatsphäre genügend geschützt haben und sie vor allem ganz normal Kinder sein ließen. Sie verspürten in der Öffentlichkeit keine anderen Erwartungen von uns als zu Hause. Sie durften so sein wie sie waren. Wir haben uns auch gehütet, jemals zu sagen: „Benehmt euch ja anständig, denn die Leute schauen auf uns!"

Wir wussten von Anfang an, dass es riskant war, das Familienleben so weit vor anderen zu öffnen – wir hätten es ja in unseren Veröffentlichungen allein bei sachlichen Ratschlägen zur Erziehung belassen können – und sind heute froh, dass unser *Clan* unbeschadet davongekommen ist.

Alle christlichen Eltern wissen – oder ahnen zumindest –, dass man seine Kinder nicht zu überzeugten Christen erziehen kann: weder durch Familienandachten, christliche Freizeiten oder erzwungene Gottesdienstbesuche. Manche entscheiden sich bereits als Teenager, nichts mehr mit dem christlichen Lebensstil ihrer Eltern zu tun zu haben, sehr zu deren Kummer. Einige davon kehren Jahre später zu den Werten ihrer Familie zurück. Uns sind aber auch einige junge Erwachsene – so im Alter von Mitte bis Ende Zwanzig – begegnet, die plötzlich all dem, was sie an christlichen Werten aus ihrer Familie mitbekommen haben, den Rücken kehren und sich voll in unser modernes gesellschaftliches Leben stürzen, als müssten sie ein Stück Pubertät oder verpasste Freiheit nachholen.

Den christlichen Lebensstil unverkrampft und authentisch an die nächste Generation weiterzugeben, scheint eine der kompliziertesten Aufgaben im Familienalltag zu sein. Wir haben in der Vergangenheit häufig zwei extreme Haltungen beobachtet:

Einmal die Eltern, die wahrscheinlich aufgrund eigener negativer Erfahrungen, christliche Unterweisung in ihrer Familie ganz auf Sparflamme laufen ließen nach dem Motto: „Ich will mein Kind nicht zu sehr mit biblischen Geschichten und frommen Sachen vollstopfen. Es soll selbst entscheiden, wie es glauben will." Vielfach wurde einem Kind bereits mit sieben oder acht Jahren freigestellt, ob es mit zum Gottesdienst beziehungsweise zur Kinderstunde gehen wollte.

Und dann beobachteten wir die Eltern, die christliche Unterweisung und Abschirmung vor der Welt übergenau nahmen. Familienandachten wurden sehr ernsthaft und nach strengem Muster durchgezogen und weltliche Dinge aus der Familie verbannt. Irgendwie fehlte dort die Natürlichkeit, die Lebensfreude. Wenn dann die Kinder noch einen doppelten Lebensmaßstab beobachteten, wurde es fatal: In der Gemeinde und unter Christen eine absolut fromme Sprache und freundliches Getue und zu Hause Unbeherrschtheit und Härte.

Bei diesen beiden extremen Familienformen geht es selten gut aus oder die Kinder kämpfen als Erwachsene ständig mit ihrem Glauben.

Claudia und ich haben unsere Kinder offensiv an unserem christlichen Lebensstil teilnehmen lassen. Wir haben eine intensive biblische Unterweisung durchgeführt und ein Gottesdienstbesuch war bis zum Teenageralter selbstverständlich. Das war bei unserem lebendigen Gemeindeleben auch kein großes Problem.

Bis auf die drei erwachsenen Pflegekinder, die zur Zeit keinen Kontakt zu uns halten, leben alle übrigen Kinder bewusst und gern als Christen und tragen zum Teil große Verantwortung im Gemeindeleben. Das ist ihre ureigene Entscheidung! Darüber sind wir sehr froh und dankbar! Das hätte auch anders kommen können!

Wir haben unsere Kinder gefragt, ob sie unseren christlichen Lebensstil nicht doch als erdrückend oder gar manipulierend empfunden haben und warum sie heute als Christen leben. Die älteren Kinder denken gern an die ganz frühen Familienjahre zurück: Jeden Abend im Kreis zusammensitzen mit Lobpreis, einem kurzen Austausch über den Tag und abschließendem Gebet. In der Grundschulzeit kurze Familienandachten vor dem Frühstück, zum Teil von den Kindern selbst gestaltet. Im Urlaub lernten wir miteinander Bibelverse auswendig. Als sie Teenager wurden, machten wir intensive Bibelstudien und diskutierten häufig über geistliche Zusammenhänge. Besonders hängen blieb, wie wir gemeinsam Gott dienten – auf Familienwochen, bei Wochenendseminaren oder indem wir Missonsprojekte im Ausland besuchten.

Natürlich hatten einige – vor allem in der Teenagerzeit – zwischendurch geistliche Durchhänger, lebten, was ihren Glauben betraf, auf Sparflamme, liefen einfach mit oder zogen sich zurück. Der Ausspruch einiger unserer Sechzehnjährigen war eine Zeit lang: „Ich bin kein religiöser Typ!" Aber sie kamen trotzdem mit in die Gemeinde, wohl hauptsächlich, um nach dem Gottesdienst ihre Freunde zu treffen.

Wir sammelten mit unseren Kindern die Begriffe, die nach ihrem Empfinden unseren christlichen Lebensstil in der Familie prägten. Die folgenden Stichworte wurden genannt: *„Natürlichkeit, Spontaneität, gute Gewohnheiten, Freude aber auch offene Trauer, eure Echtheit, Freiwilligkeit, Abwechslung, gründliches Bibelstudium, offene Fragen stehen lassen, Gebetserhörungen, nach Gottes Willen fragen, Abenteuer mit Gott, interessante Gäste, gemeinsam Gott dienen."*

All diese Stichpunkte möchten wir vor allem den jungen Eltern unter den Lesern ans Herz legen. Sie könnten zu Leitlinien für ein authentisches Christsein in ihrer Familie werden.

Einige der genannten Stichworte möchten wir vertiefen:

- Bei der Beurteilung eines Familienlebens zählt stärker wie die Eltern gelebt haben als was sie gesagt haben! Claudia und ich haben uns bemüht, unser Christsein vor unseren Kindern natürlich, ehrlich und authentisch zu leben. Mit allen Höhen und Tiefen – und das umso offener, je älter sie wurden. Wir haben zusammen viel gelacht, aber auch geweint, uns gezankt, versöhnt und wieder neu angefangen. Wir haben spektakuläre Wunder erlebt, aber auch Krisen, auf die wir bis heute keine Antworten gefunden haben. In all das haben wir unsere Kinder mit hineingenommen. Unser Wunsch war und ist, ihnen an unserem Leben zu zeigen, dass der Weg mit Jesus die schönste und lebenserfüllendste Erfahrung ist, die man überhaupt machen kann. Wir haben aber auch nicht verschwiegen, dass es Situationen und Schicksalsschläge im Leben gibt, auf die man keine Antworten findet. Wichtig ist, nicht an Gott zu zweifeln, daraus zu lernen und schließlich am Ziel anzukommen!

- Gute christliche Freunde und interessante Gäste prägen das Denken von Kindern über einen christlichen Lebensstil. Unsere haben ganz viel mitbekommen, wenn wir mit durchreisenden Missionaren zusammensaßen, uns mit ihnen über Glaubensfragen austauschten oder mit ihnen einfach nur Spaß hatten.

- Persönliche Freiheit, am christlichen Leben teilzunehmen oder nicht ist wichtig – natürlich alters- und reifegemäß. Eine gesunde Kombination von guten Gewohnheiten und Spontaneität macht die Teilnahme leicht. In unserer abendlichen Gebetsrunde konnte jeder beten, aber keiner musste es tun. Die älteren Kinder mussten auch nicht daran teilnehmen. Und ab dem Teenageralter war der Gottesdienstbesuch freiwillig. Außerdem sind Abwechslung und neue Formen bei Familienandachten und Bibelarbeiten sehr wichtig! Denn eine dumpfe Routine ist gefährlich. Wenn diese eintritt, sollte man lieber einfach mal für einige Zeit Pause machen.

- Vor allem dürfen Kinder nicht nur über Jesus hören, sie müssen auch etwas mit ihm erleben und zum Dienst für ihn ermutigt werden! Wenn Kinder eigene Gebetserhörungen und Abenteuer mit Gott erleben, zählt dies fürs ganze Leben, besonders in Krisenzeiten. Wir könnten ganze Bände damit füllen!

## Jungen sind anders – Mädchen auch

Gibt es einen Unterschied in der Erziehung von Mädchen und Jungen? Gibt es Dinge, die man bei einem Jungen mehr beachten sollte als bei einem Mädchen und umgekehrt? Auf diese Fragen sind wir im „Großen Familien-Handbuch" (S. 102–108) und vor allem in „Bleib cool, Papa – Guter Rat für gestresste Väter" ausführlich eingegangen.

Aufgrund der gegenwärtigen aktuellen Probleme von Jungen und männlichen Teenagern in unserer Gesellschaft möchte ich allerdings einige gezielte Hinweise für den Umgang und die Erziehung von Jungen weitergeben.

Denken wir an die jüngsten Gewalttaten von Teenagern, die als Horrormeldungen durch die Presse gingen – wie der fünfzehnjährige Martin aus Meißen, der seine Lehrerin mit 22 Messerstichen umbrachte, oder die Jugendlichen aus Halle, die einen

Mosambikaner grausam quälten und ermordeten – dann waren die Täter stets männlich. Vandalismus, Gewalt, Krieg, Pornographie und sexueller Missbrauch sind fast ausschließlich Männer- und Jungenprobleme! Der Anteil an Frauen und Mädchen ist verschwindend gering.

„Nach einer Studie gelten 600.000 deutsche Kinder als aggressiv, Jungen doppelt so häufig wie Mädchen. Jungen kommen auch seltener (46 Prozent) zum Abitur als Mädchen (54 Prozent), sie bleiben öfter sitzen, und wenn die Eltern sich scheiden lassen, scheitern Jungen häufiger in der Schule als Mädchen."[29]

„Der britische Premier Tony Blair beklagte unlängst, dass immer mehr junge Männer von Entwurzelung, Erziehungsdefiziten und strukturellen Veränderungen in Gesellschaft und Wirtschaft betroffen seien, während Mädchen mit ihrer hohen Flexibilität immer bessere Berufschancen bekommen. Die Jungen verlieren ihren Kompass" resümierte die Sunday Times, „was heißen soll, dass sie zunehmend Orientierungsprobleme in Bezug auf ihre Rolle und ihre Zukunft haben."[30]

## Brauchen wir eine Pädagogik für Jungen?

In den letzten dreißig Jahren war es Mode, männliche Werte zu leugnen und Jungen und Mädchen in einen Topf zu werfen. Getrennter Unterricht wurde ganz aufgegeben und eifrige Erzieherinnen bemühten sich, den Jungen das Stricken beizubringen. In „Anti-Macho-Kursen" wurden kleine Jungen veranlasst, sich gegenseitig zu massieren und Frauenkleider anzuziehen. Alles mit dem Ziel der „Ausbildung einer Identität, die zu partnerschaftlichem Umgang befähigt."[31]

Viel Erfolg haben diese Bemühungen nicht gehabt, eher eine noch größere Verunsicherung und Frontenbildung zwischen Mädchen und Jungen. Alarmiert von der zunehmenden Gewaltbereitschaft und seelischen Entwurzelung von Jungen schlagen Fachleute inzwischen ganz andere Töne an. „Wir brauchen eine eigene Pädagogik für Jungen", betont der Erziehungswissenschaftler Peter Struck. Damit Jungen nicht nur von Frauen erzogen werden, fordern andere eine Männerquote beim Personal von Kindergärten, Vor- und Grundschulen.

## Was brauchen kleine Jungen?

Was ist in unserer Gesellschaft verloren gegangen? Was brauchen Jungen, um zu fröhlichen, kreativen, energiegeladenen und freundlichen jungen Männern heranzuwachsen?

Jungen brauchen mehr Männer um sich herum, die sie bewundern können und die ihnen Vorbild bei der Identitätssuche sind – dann müssen sie sich ihre Helden nicht mehr in der virtuellen Welt suchen. Und genau diese männliche Identifikation fehlt ihnen in unserer modernen Gesellschaft. Fast den ganzen Tag sind sie nur mit Frauen zusammen. Zu Hause ist es die Mutter, im Kindergarten sind es meist Erzieherinnen, in der Grundschule Lehrerinnen. Dieser Männermangel wirkt sich auf die Jungen verheerend aus. Wo eine positive Identifikation nicht möglich ist, muss es eben eine negative tun. Das hat zur Folge, dass Jungen Eigenschaften, die sie vor allem bei Frauen und Mädchen als „weiblich" beobachten, umkehren und auf diese Weise vermeintlich „männliche" Eigenschaften erhalten. Konkret heißt das: Fürsorglichkeit, Sensibilität und Aufeinanderzugehen wird von Jungen als Verhalten abgelehnt, da sie dieses fast ausschließlich bei Frauen und Mädchen beobachtet haben. In dieses Vorbildvakuum treten dann die TV-Helden harter Gesinnung, die zudem eine Verknüpfung von Macht, Aggressivität und Männlichkeit suggerieren. Eine solche falsche Identifikation mit diesen virtuellen Helden können nur die Väter und andere Männer auffangen, die sich selbst um ein authentisches Mannsein bemühen. Niemand sonst!

Männer brauchen zunächst einmal eine echte Anerkennung von der Frauenwelt, was ihren guten Einfluss auf Kinder und ihre Erziehungsfähigkeiten angeht. Außerdem sollten sie sich zusammentun und sich gegenseitig dabei helfen, selbst authentisch als Mann zu leben. Auf diese Weise können sie ein Vorbild für ihre Söhne sein, vor allem was den Umgang mit Aggressionen angeht, aber auch im Hinblick auf Fairness, Verantwortung, sexuelle Reinheit und den Umgang mit Mädchen und Frauen. Wochenenden für „Väter und Söhne", wie sie unser Verein regelmäßig anbietet oder auch Konferenzen und Kleingruppen der *Promise Keepers*, der *Männer, die Wort halten wollen*, können Vätern dabei enorm helfen. Folgender Ausspruch birgt eine Menge an Lebensweisheit: „Stelle einen Jungen an die Seite eines richtigen Mannes, und er wird selten einen verkehrten Weg gehen!"

## Mehr Training in Fairness und Verantwortung

Schon im Mutterleib werden die Ungeborenen von Hormonen gesteuert, Jungen vorwiegend von Testosteron, Mädchen von Östrogen.

Der Familientherapeut Biddulph schreibt: „Das Geschlechtshormon Testosteron bewirkt Wachstumsschübe, steigert die Aktivität und fördert Wettbewerbsgeist. Deshalb bedürfen Jungen klarer Verhaltensrichtlinien sowie eines sicheren und geordneten häuslichen und schulischen Umfeldes."[32]

Wann immer Testosteron ausgeschüttet wird – und das geschieht vermehrt mit etwa vier Jahren und in der Pubertät –, sorgt es für Wachstumsschübe und beeinflusst es den Energiehaushalt sowie die Stimmungen eines Jungen.

„Das Hormon verursacht folgende auffällige Veränderungen:
- Im Alter von vier Jahren bewirkt es einen Aktivitätsschub und macht aus dem Kind einen typischen Jungen.
- Mit dreizehn ist es ursächlich für das rasche Wachstum und jene typische allgemeine Orientierungslosigkeit.
- Mit vierzehn schließlich veranlasst es den Jungen, Grenzen in Frage zustellen und zum jungen Mann heranzureifen."[33]

Wichtig ist zu wissen, dass Testosteron nicht nur die Ursache für das Wachstum eines Jungen ist, sondern auch sein Gehirn beeinflusst und die Rang- und Wettbewerbsorientierung des männlichen Nachwuchses stärkt. Das alles müssen Eltern wissen und in gute Bahnen zu lenken verstehen!

Wenn Jungen in einer Clique sind, möchten sie vor allem drei Dinge wissen:
1. Wer hat das Sagen?
2. Wie lauten die Regeln?
3. Werden diese Regeln gerecht durchgesetzt?

„Jungen fühlen sich unsicher und gefährdet, wenn eine Situation ihnen keine klaren Strukturen bietet. Wenn niemand das Sagen hat, fangen sie an herumzurangeln, um eine Rangordnung zu etablieren. Sie versuchen hierarchische Verhältnisse herzustellen, können dies jedoch nicht immer, falls sie allesamt gleichaltrig sind. Wenn wir ihnen jedoch eine Struktur anbieten, können sie sich entspannen."[34]

Wer könnte das besser bewirken als ein Mann, der selbst gelernt hat, mit seinen Testosteronschüben konstruktiv umzugehen? Wieder sehen wir die hohe Bedeutung des Vaters und anderer Männer, wie Sporttrainer, Lehrer, Jugendleiter, die den Jungen in unserer Gesellschaft Unterstützung geben, damit sie ihre Qualitäten entwickeln und lernen, ihre Energien positiv einzusetzen.

## Mehr Körperkontakt, Trost und emotionale Zuwendung

Trotz der mitunter rauen Schale brauchen *kleine Männer* mehr Körperkontakt, Trost und emotionale Zuwendung als ihnen traditionell zugestanden wird. Bis zum Alter von etwa elf Jahren benötigen Jungen davon sogar noch mehr als Mädchen, denn bis dahin sind sie zerbrechlicher, krankheitsanfälliger und empfindlicher. Oft wird ihnen das von ihren Eltern verwehrt; von den Vätern, weil sie meinen, ihren Sohn abhärten zu müssen, oder von den Müttern, weil sie befürchten, ihren Sohn zu verweichlichen. So bleiben viele Jungen emotional verunsichert, werden beziehungsgestört und kehren den *Macho* heraus.

Jungen müssen mit ihren Ängsten, Schmerzen und Nöten sehr ernst genommen werden. Sprüche wie „Ein Indianer kennt keinen Schmerz" und „Jungen weinen nicht" gehören in die Mottenkiste. Jungen müssen erleben und spuren wie Männer ganzheitlich miteinander umgehen: Spaß haben, im fairen Wettkampf stehen, aber auch einander in die Arme nehmen, zusammen lachen und weinen.

Wird der *emotionale Tank* eines Jungen in den vorpubertären Jahren stets gut aufgefüllt und lebt er mit emotional ausdrucksstarken Mannern zusammen, kann er in den Teenagerjahren und später als Mann besser mit seinen widerstreitenden Gefühlen umgehen, Aufmerksamkeit und Zärtlichkeit geben wie auch empfangen und seine Sexualität verantwortungsbewusster gestalten.

## Mehr Förderung ihrer Kommunikationsfertigkeiten

Jungen im Kindergarten und in der Grundschule können sich verbal schlechter artikulieren als ihre Altersgenossinnen und beim Lesen und Schreiben hinken sie ihnen in der Regel etwas nach. Später gleicht sich das vielfach aus. Natürlich merken kleine Jungen, dass sie sprachlich nicht so fix sind wie die Mädchen, also greifen sie schneller auf sprachliche und leider auch auf körperliche Gewalt zurück. Das Fatale daran ist, dass sie vielfach bei dieser Untugend bleiben, wenn sie damit erfolgreich sind. Man kommt halt schneller ans begehrte Spielzeug, wenn man mit einem Bauklotz zuschlägt, als wenn man erst lange reden muss: „Magst du mir den Bagger geben? Du kriegst dafür auch mein Lastauto." Zwischen Sprachfertigkeit und Gewalt besteht also ein eindeutiger Zusammenhang.

Die Ursache für die unterschiedliche Sprachkompetenz, so hat man nach intensiven Gehirnforschungen festgestellt, liegt darin, dass das männliche Gehirn weniger gut für sprachliche Anforderungen ausgerüstet ist als das weibliche. Zunächst einmal entwickelt sich das Gehirn eines kleinen Jungen langsamer als das eines Mädchens. Ein weiterer Unterschied besteht darin, dass die linke und rechte Gehirnhälfte bei Jungen durch weniger Verbindungen miteinander verknüpft sind. „Neuere Studien haben gezeigt, dass Jungen bestimmte Problemstellungen (etwa die Lösung eines Buchstabenrätsels oder Wortpuzzles) nur mit einer Hirnhälfte angehen, während Mädchen dazu beide Hälften benutzen. Bei Mädchen gehen dabei gleichsam im ganzen Kopf die ‚Lichter' an, während dies bei Jungen nur in einem Teil von einer der beiden Hälften der Fall ist."[35]

Doch dies braucht man nicht einfach so hinzunehmen. Sie können einiges tun, um die kommunikativen Fähigkeiten Ihres Sohnes zu stärken! Das Gehirn ist enorm lernfähig, schon im Säuglingsalter, deshalb können Sie gar nicht zu früh damit beginnen. Dieses Training beinhaltet viel Aufmerksamkeit, Vor- und Nachsprechen, Zuhören, gemeinsam Bilderbücher angucken, dazu Geschichten erfinden und erfinden lassen, Vorlesen und Erzählen.

Achten Sie darauf, Ihrem Jungen viel zu erklären. Zum Beispiel: „Siehst du den Hebel da? Damit kann man den Scheibenwischer einschalten, der den Regen von der Scheibe wischt."

Legen Sie aber auch Wert darauf, dass Ihr Junge über seine Gefühle und Empfindungen spricht und die anderer erkennen lernt. Als Einstieg in dieses Thema haben sich Naturerfahrungen, wie das Abtasten und Beschreiben einer Baumrinde oder das Streicheln von weichem Moos bewährt. Und es ist auch möglich, dass Sie Ihrem Jungen beibringen, wie man kooperativ spielt und Streitereien friedlich beilegen kann. Auf diese Weise trainieren Sie Ihren Jungen, beide Gehirnhälften intensiv zu nutzen.

## Das muss noch gesagt werden ...

Zu sagen „Jungen sind anders" heißt nicht, dass ihnen etwas „fehlt" oder dass sie „von Natur aus unterlegen" sind. Ähnlichen Vorurteilen waren früher Mädchen und Frauen ausgesetzt, und es wäre schade, wenn der uralte Geschlechterkrieg nun unter umgekehrten Vorzeichen fortgesetzt werden würde. Wir möchten, dass Mädchen und Jungen zu ausgeglichenen und liebesfähigen Persönlichkeiten heranwachsen. Damit das gelingen kann, brauchen Jungen ihr *Mehr* an Aufmerksamkeit und spezifischer Förderung genauso wie Mädchen die uneingeschränkte Entfaltung ihrer fraulichen Persönlichkeit benötigen. Als Erwachsene können sie einander dann umso besser ergänzen und beglücken!

# Trotz allem – ich pack's einfach nicht!

## Von Claudia Mühlan

Es sind jetzt bereits gute zwanzig Jahre, in denen Eberhard und ich in der Öffentlichkeit stehen, Bücher und Artikel zu Familienthemen schreiben und Seminare halten. Wir haben in dieser Zeit unzählige Beratungsgespräche geführt, Briefe beantwortet und Telefonate geführt. Wir haben mit anderen Familien gelacht, geweint und viel gebetet. Doch manchmal frage ich mich: „Warum fällt es trotz aller Hilfestellungen manchen Eltern schwer, die guten biblischen Prinzipien zum Familienleben umzusetzen? Warum gelingt es nicht noch mehr Familien, so voller Begeisterung, voller Enthusiasmus und mit Freude Familie zu leben?" Allzu häufig finde ich solche Eltern, denen Familie wirklich Spaß macht, leider nicht unter den Christen – dabei berufen doch gerade wir Christen uns auf die Kraft Gottes in unserem Leben!

Ich bin beim Nachdenken auf zwei Gründe gekommen:

- Manche Eltern machen sich, was Erziehung anbelangt, einfach zu wenig Gedanken, sie wissen zu wenig über den Umgang mit Kindern und sind somit auch unsicher.
- Viele Eltern tragen selbst seelische Vernachlässigungen und Verletzungen mit sich herum und leiden unter ihren eigenen Persönlichkeitsschwächen, das heißt, die eigene Problematik saugt alle ihre Kräfte auf.

*Diese Unwissenheit und Unfähigkeit ist eine verhängnisvolle Kombination!*

## Unwissenheit und ihre Folgen

Zum Glück kann man den ersten Punkt – die Unwissenheit – leichter in Angriff nehmen als seelische Verletzungen und Persönlichkeitsschwächen. Tragischerweise richtet jedoch die Unwissenheit genauso viel Schaden an, und ich finde, das müsste nicht unbedingt sein.

Wenn ich die Beratungsgespräche der letzten Jahre Revue passieren lasse, so sind es letztlich immer wieder die gleichen Fragen, die mir gestellt werden, zum Beispiel: Was tue ich bei Babyneid? Bei Eifersucht unter Geschwistern? Mein Kind will nicht schlafen! Mein Kind will nicht gehorchen. Mein Kind hat Wutanfälle. Sollten Kinder im Haushalt mithelfen? Aufräumen ab welchem Alter? Wann und wie soll ich Grenzen setzen und und und ...

Es sind immer wieder die gleichen Fragen, die die Eltern beschäftigen, denn den Kindern fällt von Generation zu Generation auch nicht so viel Neues ein, wie sie ihren Eltern das Leben schwer machen können. Und darauf können sich Eltern nun wirklich vorbereiten und informieren. Ist es nicht so, dass jedes älteste Kind irgendwie das *Versuchskaninchen* ist, an dem die Elternschaft zunächst einmal geübt wird? Ich weiß wovon ich rede, ich bin selbst eine Älteste! Die Freundin unserer 17-jährigen Tochter, selbst eine Älteste in ihrer Familie, sagte einmal ganz bezeichnend: „Ich finde das so ungerecht. Meine jüngeren Brüder dürfen alles zwei Jahre früher als ich es durfte!"

Eberhard und mir ist es als jungen Eltern leider auch nicht viel besser gelungen. Die jüngsten fünf geborenen Kinder haben es wesentlich leichter als ihre älteren Geschwister. Sie profitierten einfach von den Erfahrungen, die wir mit der ersten Kindergeneration gemacht haben. Das tut mir heute sehr Leid. Aus Unerfahrenheit waren wir mit den ersten Kindern einfach zu eng und zu streng. Wir wussten zu wenig darüber, wie man das Selbstwertgefühl des einzelnen Kindes gezielt stärkt und einfühlsam mit ihren Gefühlen umgeht. So ist es nun einmal mit jungen Eltern. Aber muss das immer so sein? Können Eltern nicht mehr voneinander lernen?

Neulich sprach mich eine junge Mutter nach einem Seminar an. Sie war total aufgelöst und kämpfte mit den Tränen. Zwei kleine Kinder hatte sie, ein Baby und einen zwei Jahre alten Jungen. „Ach, Claudia", sprudelte es aus ihr hervor, „ich bin fix und alle. Mein Großer, der bringt mich jeden Tag bis ans Ende meiner Kräfte. Ich weiß nicht mehr ein noch aus."

Ich fragte sie daraufhin. „Sag mal, was tust du denn dann eigentlich?"

„Nun, ich bete, und der ganze Hauskreis betet seit Wochen für mich. Alle beten sie für mich. Aber es ändert sich nichts."

Das wollte ich eigentlich nicht hören. Ich wollte wissen, wie sie mit ihrem Jungen umgeht. Man sagt manchen Christen ja nach, dass sie die schnelle Lösung im Gebet suchen. Doch ich ließ sie erst einmal ausreden und fragte schließlich: „Sag mal, wie gehst du denn konkret mit Klein-Johannes um? Was erwartest du von ihm?"

Und dann hörte ich heraus, dass sie ihren zweijährigen Jungen tagtäglich überforderte. Er musste alleine spielen, sein Zimmer aufräumen, immer brav mit seiner kleinen Schwester teilen, ordentlich essen, im Gottesdienst still sitzen ... Kein Wunder, dass dieser lebhafte Junge jeden Tag unwillig seinen Frust herausschrie und seiner hilflosen Mutter einen Machtkampf nach dem anderen lieferte. Aber ein Buch zur Kleinkinderziehung hatte sie noch nicht gelesen.

Oder ein anderes Beispiel: Eine unserer erwachsenen Töchter, ich fühlte mich ein bisschen geehrt, fragte mich zur Trotzphase ihrer kleinen Tochter. Sie wollte einfach wissen, ob sie es so richtig machte. Gut, ich habe ihr so einige Dinge gesagt und merkte dabei, dass ich eigentlich aus unserem Familien-Handbuch zitierte, so dass ich es mir nicht verkneifen konnte zu sagen: „Mein liebes Mädchen, schlag doch mal das Handbuch unter dem Stichwort *Trotz* auf. Da findest du die richtigen Antworten."

Es gibt noch genügend Herausforderungen und Familienkonflikte auf die es wirklich keine einfachen Antworten gibt und bei denen man nach Lösungen ringen muss. Aber Unwissenheit in den alltäglichen, immer wiederkehrenden Erziehungsfragen bringt unnötig viel Stress in den Familienalltag, führt zu Machtkämpfen und verletzt unsere Kinder. Das biblische Urteil dazu müssen wir uns gefallen lassen, nämlich: „Ihr Eltern, reizt eure Kinder nicht zum Zorn ..." (Epheser 6,4).

Dabei lässt sich gerade unserer Unwissenheit sehr gut vorbeugen: Es gibt Seminare, Audio-Kassetten, Videos, Bücher – von uns und von vielen anderen Autoren. Die Fehler anderer Eltern müssen Sie also nicht unbedingt wiederholen.

## Unfähigkeit und ihre Folgen

Aber ich hatte zwei Gründe für ein Versagen in der Kindererziehung genannt. Einmal die Unwissenheit der Eltern und die daraus resultierende Unsicherheit und als zweites die Unfähigkeit, gute Vorsätze zu verwirklichen, verursacht durch eigene seelische Verletzungen und Persönlichkeitsschwächen.

Nie wollten Sie Ihre Kinder anschreien, so wie es Ihr Vater oder Ihre Mutter immer gemacht hat. Nie wollten Sie es mit Gleichgültigkeit oder Liebesentzug strafen. Und nie wollten Sie es schütteln, zur Strafe unter die kalte Dusche stellen, es schlagen, oder was Eltern sonst auch immer tun, wenn ihnen die Nerven durchgehen. Nie! Doch jetzt tun Sie es trotzdem.

Immer wieder zeigt sich das gleiche Muster: In Stresssituationen oder bei Überforderungen reagieren Eltern häufig, wie sie es selbst in ihrer Kindheit erfahren haben – es sei denn, sie haben sich bewusst mit ihrer Vergangenheit auseinander gesetzt und Verletzungen oder Persönlichkeitsdefizite aufgearbeitet.

Seine eigenen *Macken* kennt man ja oftmals am besten. Ich konnte beziehungsweise kann manchmal recht temperamentvoll reagieren. So erinnere ich mich daran, als Teenager einmal meiner Mutter eine geklebt zu haben und auch Eberhard kam früher nicht immer ungeschoren davon. Als wir dann den quirligen Haufen mit den ersten sechs Kindern hatten, war es mein fester Vorsatz, sie weder anzuschreien noch im Affekt zu schlagen. Jedes hatte schon sein eigenes schweres Paket an seelischer Vernachlässigung und Misshandlung zu tragen. Da sollten sie nicht noch zusätzlich unter meinen *Macken* leiden.

Diesen Vorsatz habe ich dann vor Gott gebracht und ihn um Hilfe angefleht. Anschließend habe ich es auch Eberhard gestanden und ihn gebeten, immer dazwischenzugehen, wenn mein Temperament doch einmal mit mir durchgehen sollte. Eine Zeit lang habe ich diesbezüglich täglich Bilanz gezogen. Und ich muss es mit Gottes Hilfe ganz gut in den Griff bekommen haben, denn neulich fragte mich meine älteste Tochter, die jetzt selbst zwei kleine Kinder hat, ganz beiläufig am Telefon: „Sag mal, Mama, hast du uns früher eigentlich oft angeschrien? Ich kann mich an fast nichts erinnern." Ein besseres Kompliment kann man kaum bekommen.

Vor einigen Tagen rief mich eine Mutter an und berichtete mir verzweifelt, ihre neunjährige Tochter mache ihr große Probleme. Seit einem Jahr esse sie fast nichts mehr, wachse nur noch und würde immer dünner. Ich fragte ein wenig nach, da ich das Problem Magersucht vermutete, das ich aus unserer eigenen Familie kannte, und fand heraus, dass es tatsächlich zutraf! Ich war total erschüttert, denn eine magersüchtige Neunjährige war mir bis dahin noch nicht begegnet.

Vorsichtig bohrte ich weiter: „Haben Sie irgendwelche Vermutungen diesbezüglich ...?"

Und da antwortet sie unumwunden: „Ja, natürlich kenne ich die Gründe. Ich habe meine Tochter einfach vernachlässigt, mir zu wenig Zeit für sie genommen, sie links liegen gelassen ... Was konnte ich auch tun? Mir ist mit der Zeit alles über den Kopf gewachsen. Ihre älteren Geschwister haben alle meine Kräfte absorbiert und dann kam noch das Baby."

Mich nehmen solche Schilderungen immer mit: So eine unglückliche, an sich verzweifelnde Mutter! So ein kleines Mädchen und schon so tiefe seelische Verletzungen!

Darauf gibt es keine leichten Antworten! Zusätzlich zu den praktischen Hilfen und Erleichterungen, die diese Mutter unbedingt braucht, um wieder zu Kräften zu kommen, muss sie sich über die Ursachen von Magersucht schlau machen, fachliche Hilfe in Anspruch nehmen und dann an der Belastbarkeit ihrer eigenen Persönlichkeit arbeiten.

Sie erinnern sich sicher, dass wir von dem Pflegejungen gesprochen haben, der unsere Tochter sexuell missbraucht hatte. Als ich das erfuhr, brach in mir neben aller Verzweiflung ein abgrundtiefer Hass gegen ihn auf. Ich weiß nicht, was ich getan hätte, wenn ich ihn zwischen die Finger bekommen hätte. Aber er war ja mittlerweile über alle Berge, und der Hass, der eigentlich ihn treffen sollte, der zerstörte mich! Als ich das erkannte, musste ich den mühevollen Weg gehen, diesen Hass an Gott abzugeben und in mir einen Prozess der Vergebungsbereitschaft zuzulassen. Das kann unendlich schwer sein! Nur gut, wenn man verständnisvolle Menschen um sich herum hat und immer wieder im Gebet bei Gott Zuflucht und Trost suchen kann.

Kennen Sie diesen Spruch: „Ich komme da einfach nicht drüber hinweg?" Er beschrieb für eine ganze Zeit meinen Hass auf diesen

Jungen. Wenn man einen solchen Satz sagt, dann fühlt man sich so, als würde etwas Bedrückendes auf dem eigenen Leben liegen! Stellen Sie sich einmal eine Blumenwiese vor – nehmen wir eine Weide voller Margeriten und Kornblumen – und darauf lässt jemand ein schweres Brett fallen. Was passiert an dieser Stelle? Da wächst einfach nichts mehr. Drum herum schon, aber nicht unter diesem Brett. So ähnlich ist es mit seelischen Verletzungen. Da muss erst jemand kommen und das Brett entfernen. Am besten ist dabei, diese Last im Gebet zu Jesus zu bringen und um Hilfe und Heilung zu beten.

Vielleicht noch ein weiterer Vergleich: Ich habe in der Vergangenheit sehr viel mit Rückenschmerzen zu tun gehabt, natürlich zum Teil durch die Schwangerschaften und die Babyschlepperei. Immer wieder habe ich Gott diese Schmerzen gebracht und andere für mich beten lassen! Aber ich habe nur wenig Linderung erfahren. Bis eines Tages ein guter Chiropraktiker meinen Rücken einrenkte und mir regelmäßige Rückengymnastik verordnete. Doch sobald ich es mit den Übungen zu locker nahm, renkten sich meine Rückenwirbel wieder aus und die Prozedur begann von vorne: Einrenken und dann disziplinierte Rückengymnastik. Heute geht es mir, was meinen Rücken betrifft, besser als je zuvor.

Das möchte ich auch auf unser geistliches Leben übertragen: Wenn wir beten, ist Gott oftmals wie ein Chiropraktiker, der unsere verletzte Seele *einrenkt*. Und darauf muss dann die *geistliche Gymnastik* folgen, sprich: konsequente Nachfolge, Bibel lesen, regelmäßig beten, vielleicht auch weitere Seelsorge oder eine Therapie! Das übersehen dann manche und wundern sich, wenn sie trotz Gebet doch nicht so vorankommen, wie sie es sich vorgestellt haben oder nur kurzzeitig Erfolg verspüren.

Wie gehen Sie mit Ihren eigenen Persönlichkeitsschwächen und den Verletzungen aus Ihrer Vergangenheit um? Nicht nur Sie leiden, auch Ihren Ehepartner und Ihre Kinder trifft es schwer!

Bagatellisieren und ignorieren Sie Ihre Defizite und Verletzungen nicht mehr, sondern gestehen Sie sie sich ein und bringen Sie sie ans Licht und ins Gebet! Ich möchte Sie ermutigen, sich auf den Weg zu machen, um zum Frieden mit Ihrer Vergangenheit zu finden.

# Was wollen Sie Ihrem Kind auf seinen Lebensweg mitgeben?

 Wir haben Sie auf eine Reise durch dreißig Jahre unserer Familiengeschichte mit all ihren Höhen und Tiefen mitgenommen. Und Sie befinden sich auf Ihrer eigenen Familienreise – vielleicht sind Sie gerade erst am Anfang und haben noch die meisten Jahre vor sich, vielleicht haben auch Sie schon eine große Strecke zurückgelegt.

Ob Eltern es bewusst beabsichtigen oder ob sie sich kaum Gedanken darüber machen, sie hinterlassen auf jeden Fall einen tief greifenden Eindruck im Leben ihrer Kinder. Sie geben immer ein *Vermächtnis* an die nächste Generation weiter!

## Überzeugungen – Werte – Lebensziele

Ich möchte Ihnen eine ähnliche Frage stellen, wie sie uns in dem Interview von Rainer Wälde gestellt wurde: „Wenn Ihre Kinder und Enkelkinder an Ihrem 70. Geburtstag zusammensitzen und über Sie reden, was werden sie wohl über Ihr Leben sagen?"

Bei dieser Frage geht es um Ihre Überzeugungen, Ihre Werte, Ihre Lebensziele, die Sie für sich formuliert haben und womit Sie andere beeindruckt haben!

Was sind Werte? Im Lexikon lesen Sie: „Werte sind Leitbilder, an denen sich das Verhalten eines Menschen in einer Gesellschaft orientiert. Sie sind die Grundlagen für soziale Normen. Werte sind bestimmende Vorstellungen von dem, was richtig und wünschenswert ist. Sie dokumentieren unsere Überzeugungen und Prioritäten."

Empirische Untersuchungen zeigen, dass sich in den letzten Jahrzehnten in unserer Gesellschaft Werte nicht nur verschoben haben, sondern dass bei vielen Bürgern eine Orientierungslosigkeit beziehungsweise ein Vakuum an verbindlichen Werten vorliegt. Daraus ergeben sich viele werteunsichere Eltern, die nicht in der Lage sind, ihren Kindern handfeste Überzeugungen und Ziele für deren Lebensgestaltung mitzugeben! Darum möchte ich Sie herausfordern, gründlich darüber nachzudenken, was für Sie wirklich zählt, wovon Sie zutiefst überzeugt und begeistert sind, wofür Sie bereit sind, sich konsequent einzusetzen?

Gibt es in Ihrem Leben prägende Begegnungen mit Menschen, vielleicht Erlebnisse oder Bücher, Bibelstellen, Eindrücke von Gottes Reden? Sind da Träume und Ziele, die Sie sich einmal gefasst haben? Gibt es Berufungsschritte, die Gott Ihnen einmal aufgezeigt hat? Doch jetzt hat Sie der Alltagstrott mit Familie, Beruf und Gemeinde einfach überrollt, wodurch diese wertvollen Dinge in Vergessenheit geraten sind!

Dieses Abgleiten in eine geistliche *Mittelmäßigkeit* kennen wir auch. Nur gut, wenn sich einem dann Menschen oder Umstände in den Weg stellen, die einen wieder aufrütteln und an die wirklich wichtigen Dinge im Leben erinnern.

Was halten Sie davon, sich einmal zurückzuziehen und all die Dinge aufzuschreiben, die Ihnen für Ihr Leben wichtig sind? Wie wir schon sagten: Begegnungen, Erlebnisse, Bücher, Bibelstellen, Gottes Reden. Und dann machen Sie eine Liste mit Ihren persönlichen Überzeugungen, Werten und Lebenszielen. Schreiben Sie die Punkte auf, die Sie am Ende Ihres Lebens verwirklicht haben möchten. Die Dinge, die Sie als Vermächtnis an die nächste Generation weitergeben wollen!

Ein Gastreferent bei Team.F prägte einmal einen Satz, den wir nicht wieder vergessen konnten: „Was du geerbt hast von deinen Vorfahren, ist nicht so wichtig, wie das, was du deinen Kindern hinterlässt. Unsere Kinder sind Botschafter für eine Zeit und für Orte, die wir nie erreichen werden."

Diese Aussage hat es in sich! Wir alle haben ein Vermächtnis übernommen und werden auch eins weitergeben. Fragt sich nur wie?

# Kinder anleiten, eigene Werte zu entwickeln

„Seitdem ich weiß, welche Werte für mich zählen, kann ich auch mit meinen Kindern darüber reden", sagte einmal ein Teilnehmer unserer Seminare ganz bezeichnend.

Suchen Sie immer wieder nach Möglichkeiten, durch die Ihr Kind zu eigenen Überzeugungen und Werten findet! Verfallen Sie dabei nicht dem Trugschluss, dass man so etwas eigentlich nur mit Teenagern richtig machen kann. Die wichtigste Zeit ist das Grundschulalter! Wenn sich ein Kind bereits in den Jahren vor der Pubertät gute Lebensziele setzt, wie zum Beispiel „Ich sage Nein zu Drogen!" oder „Ich will als Christ leben!", wird es sich in den Stürmen des Erwachsenwerdens eher an diese Vorsätze halten, als wenn es sich erst als Teenager damit auseinander setzt. Das haben empirische Untersuchungen erwiesen und bestätigt.

In diesem Buch haben wir bereits aufgezeigt, worauf es in der Erziehung ankommt und wie Eltern Werte weitergeben. Ich will dies hier noch einmal kurz zusammenfassen:

## Ihr Lebensstil ist eine unauslöschliche Botschaft!

Kaum etwas anderes hinterlässt so tiefe Spuren auf die eigene Lebensgestaltung und Lebenszielsetzung wie das Vorbild der Eltern. Deshalb der Aufruf zu einem authentischen und radikal christlichen Lebensstil! Für mich ist der Psalm 112 eine ganz wichtige Lebens- und Wertegrundlage geworden: „Glücklich der Mann, der den Herrn fürchtet, der große Freude an seinen Geboten hat! Das Geschlecht der Aufrichtigen wird gesegnet werden!" Zu meinen Werten gehört, dass ich Gott lieben und ehren will und seine Gebote halten möchte – authentisch und aufrichtig! Als ein Vermächtnis an meine Kinder möchte ich erleben, dass sich durch meinen Lebensstil Segen auf sie ausbreitet.

## Gemeinsam arbeiten und Gott dienen!

Wenn Sie nicht genügend Zeit miteinander verbringen, miteinander reden, arbeiten, etwas unternehmen, wird Ihr Kind auch nicht Ihren Lebensstil beobachten und von Ihnen lernen können. Unsere gemeinsamen Arbeitszeiten und Einsätze für Gott in der Gemeinde und bei Familienwochen und –seminaren haben unseren Kindern enorm geholfen, für sich zu eigenen Werten und Lebenszielen zu finden.

## Zusammen die Bibel studieren und über Werte und Lebensziele sprechen!

Das Gleiche gilt für das Gespräch über der Bibel, den Austausch über alles, was in der Schule, der Gemeinde, unter Freunden läuft und das Schmieden von Plänen für die Zukunft.

## Ihre Freunde geben eine Botschaft weiter!

Unsere Kinder bezeugen, dass unser Umgang mit Freunden und Gästen ihr Denken und ihren christlichen Lebensstil stark beeinflusst haben. Wie sieht es damit bei Ihnen aus? Sind Ihre Bekanntschaften und Gespräche mehr oberflächlich oder echt anteilnehmend und auch ab und zu tief schürfend? Einen guten Freundeskreis aufrechtzuerhalten ist nicht einfach: Beten Sie für die richtigen Menschen und investieren Sie dann genügend Zeit und Aufmerksamkeit in gute Beziehungen!

Den Besuch eines argentinischen Pastors bei uns zu Hause werde ich wohl nie vergessen. Wir saßen mit ihm um unseren Esstisch und während des Abends unterhielt er sich aufmerksam mit jedem einzelnen Kind über dessen Hobbys und Lebensziele bis hinunter zu der damals achtjährigen Marie. Jedem stellte er die Frage: „Sag mal, hat Gott schon zu dir gesprochen und dir gezeigt, was er mit deinem Leben vorhat?" Für mich war es faszinierend, zu beobachten wie einfühlsam er auf jedes Kind einging und wie ernsthaft und aufrichtig die Kinder ihm antworteten. Bei mir bewirkte es eine Sehnsucht, ebenfalls so aufmerksam auf Kinder einzugehen – nicht nur, was meine Kinder betrifft, sondern jedes, mit dem ich tiefer ins Gespräch komme.

## Aus dem eigenen Leben erzählen!

Welchen Stellenwert haben in Ihrer Familie Erinnerungen? Sprechen Sie von früher, halten Sie besondere Erlebnisse frisch und lebendig?

Die Tochter unserer Mitarbeiterin Heidi Goseberg sagte einmal zu ihrer Mutter: „Mama, meine Klassenkameraden wissen alle nur ganz wenig über ihre Kindheit. Ich glaube, die Eltern erzählen ihnen nichts von früher!"

Heidi meinte dazu: „Diese Bemerkung hat mich lange beschäftigt. Geschichten erzählen, das hatte von jeher einen festen Platz in unserer Familie. Und dazu gibt es viele Gelegenheiten: Geburtstage, Feiertage, oder einfach zwischendurch beim gemütlichen Zusammensitzen. Dann erzählen wir von früher, wie es bei Oma und Opa zu Hause war, als wir noch Kinder waren, die Geschichte unserer Freundschaft und was wir mit Gott erlebt haben. Jedes unserer Kinder hat seine eigene Geschichte über meine Schwangerschaft mit ihm und seine Geburt. Alles das und noch viel mehr können sie gar nicht oft genug hören. Oder wir schauen Fotos an und erinnern uns an schöne gemeinsame Erlebnisse. Oft geben die Kinder selbst den Anstoß: ‚Mama, Papa, erzählt doch noch mal, wie war das damals?'

Das sind schöne Zeiten, die uns verbinden. Aber im Lauf der Jahre ist mir bewusst geworden, dass es dabei um mehr geht, als ein paar nette Geschichten zu erzählen. Denn mit Erinnerungen helfen wir unseren Kindern, selbst zu einer guten Identität zu finden und Werte für sich zu formulieren. Dadurch, dass wir ihnen die Fragen nach *früher* beantworten, geben wir ihnen Wurzeln. Ihre brennendsten Fragen sind: Woher komme ich? Wer bin ich? Wozu bin ich da? Und dazu müssen sie wissen, was ihr Familienerbe ist, was seit Jahren, oft seit Jahrzehnten in einer Familie gelebt wird, sich oft wie ein roter Faden durch Generationen hindurchzieht.

Psalm 78 drückt das so aus: ‚Was wir gehört und erfahren und unsere Väter erzählt haben, wollen wir unseren Kindern und den kommenden Generationen nicht vorenthalten, die Ruhmestaten des Herrn und seine Macht und seine Wunder, die er getan hat ... damit sie auf Gott ihr Vertrauen setzten und die Taten Gottes nicht vergäßen und seine Gebote befolgten!'"

## Gesprächsanregungen für den Familienrat

Durch die Anregungen während unserer Seminare haben viele Familien gute Erfahrungen mit Gesprächsrunden gemacht, in denen gezielt Fragen angesprochen werden. Thematisch ging es darum, was für die eigene Familie typisch ist, welche Werte und Ziele wichtig sind und was Gott möglicherweise für die eigene Familie an Aufgaben hat.

Kinder ab etwa acht Jahren können sich gut an diesen Gesprächen beteiligen und nach oben gibt es keine Altersbegrenzung. Manchmal ist es sogar ganz hilfreich, die Freunde der Kinder dabei zu haben. Günstig ist natürlich, wenn bereits regelmäßige Familienabende zum Alltag gehören, andernfalls muss man vor allem bei Teenagern den Eindruck vermeiden: „Papa will nur kontrollieren, ob wir auch richtig funktionieren." Gute Familiengespräche machen allen Spaß und fördern außerdem das Miteinander.

Folgende Fragen könnte man an einem Familienabend anschneiden:
- Was ist typisch für unsere Familie?
- Was macht dich stolz/verlegen, wenn andere unsere Familie sehen?
- Welche Vorbilder hast du?
- Welchen Auftrag hat Gott für jedes Mitglied unserer Familie?
- Gibt es einen gemeinsamen Auftrag für uns?

Dirk Lüling hat einen seiner Familienabende folgendermaßen gestaltet: „Eines abends kündigte ich an, dass wir nach einem gemütlichen Essen noch ein wenig zusammensitzen wollten und etwas zu bereden hätten. Die Kinder waren ganz gespannt. Zunächst sprachen wir über unsere Eindrücke, was Schule und Urlaub betrafen, dass jedes Volk anders ist und besondere Eigenarten hat. In einer zweiten Runde gingen wir darauf ein, dass auch jeder Mensch etwas ganz besonders Typisches an sich hat. Mama, Papa und einzelne Kinder dienten dabei als Beispiel. Diese Themen sind für Kinder leicht zugänglich und liefern allerhand guten Gesprächsstoff.

Nach dieser Vorrunde war es dann leicht nachvollziehbar, dass auch jede Familie als Ganzes eine eigene Identität hat. Nun kamen die entscheidenden Fragen: ‚Was ist typisch für unsere Familie? Und was ist bei uns anders?‘

Ich verteilte Zettel und Stifte und jeder sollte wenigstens drei typische Eigenschaften aufschreiben, je eine auf ein Blatt. Mit Eifer machten sich Eltern, Kinder und Gäste (Freunde der Kinder) an die Arbeit. Als nach einigen Minuten intensiven Nachdenkens und Schreibens alle fertig waren, wurde reihum jeweils ein Zettel auf den Tisch gelegt und vom Schreiber erklärt. Danach ordneten wir die Zettel nach Themen. Anschließend griffen wir Eltern einen Bereich heraus und erzählten anhand des Stichwortes ‚Gastfreundschaft‘ die Geschichte und die positiven Auswirkungen von Gastfreundschaft in unserer eigenen Familie und in der Familie unserer Eltern. Die Kinder hörten sehr interessiert zu und wollten natürlich auch zu anderen Punkten Genaueres wissen. Es kann gut sein, dass sich bei älteren Kindern so viel Gesprächsstoff ergibt, dass eine Fortsetzung angebracht ist.

Wenn Kinder hören, welche segensreichen Auswirkungen gute Werte im Leben ihrer Eltern und Vorfahren hatten und haben, können sie bewusster entscheiden: ‚Da will ich dazugehören, das soll auch für mein Leben wichtig werden.‘

Solch eine Bestandsaufnahme beinhaltet natürlich auch Risiken, denn es könnten ebenso gut unschöne Dinge offenbar werden. Negativmeldungen, zum Beispiel, dass ‚Streit‘ oder ‚keine Zeit füreinander‘ typisch seien, sind wichtige Hinweise für die Eltern. Ich empfehle, nicht spontan auf solche Negativmeldungen einzugehen, sondern zunächst als Eltern miteinander zu beraten, wie diesem Mangel angemessen begegnet werden kann. In einer späteren Familienrunde kann es sehr heilsam und ermutigend für die Kinder sein, wenn Eltern ihre Not zugeben, vielleicht sogar Buße tun und man gemeinsam überlegt, wie das Familienleben künftig besser gestaltet werden kann.

Unsere Familienzeit schloss mit einer Gebetsrunde ab, in der wir Gott für alles Gute in unserer Familie dankten, und wir uns den erkannten Werten neu verpflichteten.“

Wenn Ihre Kinder bereits Teenager oder schon erwachsen und aus dem Haus sind, können Sie ihnen auch die drei Fragen vorlegen, die wir mit unseren erwachsenen Kindern durchgegangen sind:

- Wenn du an unsere Familie denkst, was war/ist typisch für uns? Woran erinnerst du dich gern?
- Worin hast du einen Mangel verspürt? Was ist dir negativ in Erinnerung geblieben?
- Welche Werte/Lebenseinstellungen hast du mitgenommen?

Diese Fragen öffnen den Kindern die Augen für das gute Erbe, das sie mitbekommen haben und lassen eventuell schlummernde Werte und Lebenseinstellungen klarere Konturen bekommen. Vor allem können Mangelerfahrungen und negative Erinnerungen ausgesprochen werden. Wie bei uns können dann auch in Ihrer Familie Prozesse der Heilung und Versöhnung in Gang gesetzt werden. Es gibt wohl kein Familienleben, in dem man sich nicht auch gegenseitig wehtut und verletzt. Tragisch ist es, wenn alles einfach unter den Teppich gekehrt wird oder man verbittert nebeneinanderher lebt. Für alternde Eltern wie für erwachsene Kinder gehört es mit zum Schönsten im Leben, sich auszusprechen und versöhnt miteinander leben zu können.

Und das wünschen wir Ihnen!

# Literaturverzeichnis

1  idea spektrum 23/2000

2  Christa Mewes, Thomas Schirrmacher, „Ausverkaufte Würde?", Hänssler, 2000, S. 97

3  zusammengestellt nach Wolfgang Brezinka, „Die Pädagogik der Neuen Linken", Ernst Reinhardt Verlag, 1981

4  Rudolf Dreikurs/Vicki Soltz, „Kinder fordern uns heraus", Klett-Cotta, 1980, S. 13

5  Wolfgang Brezinka, a.a.O., S. 166

6  Peter R. Hofstätter, „Psychologie zwischen Kenntnis und Kult", Oldenbourg Verlag, 1984, S. 49

7  Peter R. Hofstätter, a.a.O., S. 51

8  Rita Konstamm, „Praktische Kinderpsychologie", Hans Huber Verlag, 1987, S. 40

9  Dr. Armin Mauerhofer, „Unterrichtsunterlagen Entwicklungspsychologie"

10 Francis Schaeffer, „Wie können wir denn leben?", Hänssler, 1977, S. 243

11 Wolfgang Brezinka, a.a.O., S. 110

[12] Francis Schaeffer, a.a.O., S. 152–153

[13] Dr. Armin Mauerhofer, „Unterrichtsunterlagen Pädagogik/Das Menschenbild"

[14] Dr. Armin Mauerhofer, ebd.

[15] Zeitschrift Voice 2/2000, S. 8

[16] John Sandford, „Heilung des verwundeten Geistes", Verlag Gottfried Bernard, 1992, S. 117

[17] zusammengetragen nach Norbert Baumert, „Frau und Mann bei Paulus", Echter Verlag, 1991, S. 244 ff

[18] Thomas Gordon, „Familienkonferenz", Hoffman und Campe, 1975, S. 13

[19] Lothar J. Seiwert/Friedbert Gay, „Das 1 x 1 der Persönlichkeit", Jünger Verlag, 2000 und Charles Boyd, „Was für Eltern braucht mein Kind?", Brockhaus Verlag, 2000

[20] Claudia Mühlan, „Du schaffst es!" und Eberhard Mühlan, „Reif für die Insel", beide Schulte & Gerth

[21] Dr. Siegfried Buchholz, idea spektrum 19/1999

[22] Claudia und Eberhard Mühlan, „Das große Familien-Hand-buch", Schulte & Gerth, 1996, S. 44,

[23] Claudia und Eberhard Mühlan, ebd., S. 70

[24] Claudia und Eberhard Mühlan, ebd. S. 170

[25] Paul Donders/Michaela Kast, „Power-Check – So finden Teens und Twens den richtigen Beruf", Schulte & Gerth, 1999

[26] Eberhard Mühlan, Andreas Schröter, „Total fertig oder voll gut drauf?", Schulte & Gerth, 1999, S. 66

[27] Eberhard Mühlan, Andreas Schröter, ebd. S. 57

[28] Eberhard Mühlan, Andreas Schröter, ebd. S. 112

[29] Prof. Dr. Peter Struck, Welt am Sonntag 15. 01. 2000

[30] Welt am Sonntag 5. 12. 1999

[31] Braunschweiger Zeitung 20. 03. 1999

[32] Steve Biddulph, „Jungen! Wie sie glücklich heranwachsen", Beust Verlag, 1999, S. 62

[33] Steve Biddulph, ebd. S. 62

[34] Steve Biddulph, ebd. S. 54

[35] Steve Biddulph, ebd. S. 68

## TEAM.F Seminare
### rund um´s Familienleben

- → Vertiefung der Ehebeziehung
- → Familienleben und Kindererziehung
- → Familienwochen
- → Ehevorbereitung
- → Seelsorge und Familienleben
- → Ehe-Abendkurse

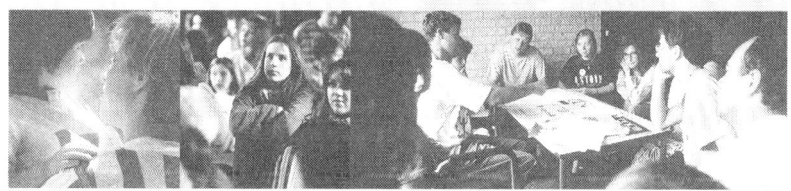

*Weitere Informationen:*  TEAM.F
Neues Leben für Familien e.V.
Christliche Ehe- und
Familienseminare
Berliner Straße 16
58511 Lüdenscheid
Fon 0 23 51.8 16 86
Fax 0 23 51.8 06 64
E-Mail: info@team-f.de
Internet: www.team-f.de

# DER ULTIMATIVE MÜHLAN-RATGEBER!

Claudia & Eberhard
Mühlan:

## DAS GROSSE
## FAMILIEN-
## HANDBUCH

Erziehungstips für alle
Entwicklungsphasen
Ihres Kindes

Nach 25 turbulenten Ehejahren
mit 13 Kindern haben Claudia und Eberhard Mühlan
reichlich Erfahrungen und jede Menge erprobte Praxis-
Strategien gesammelt, von denen schon unzählige
Familien profitieren konnten.

In kurzen, knackigen Kapiteln auf jeweils einer Doppel-
seite geben sie Rat in allen Fragen der Erziehung – von
der Geburt bis zum heiklen Teenageralter. Und damit bei
alledem die eheliche Beziehung nicht zu kurz kommt,
gibt es auch zum Thema Partnerschaft viel Nährstoff.

Die einzelnen Kapitel sind übersichtlich nach Stichworten
geordnet und machen das zweifarbig gestaltete Buch zu
einem stets aktuellen Nachschlagewerk für alle
Erziehungsfragen. Über 200 Fotos sowie Fragebögen,
Platz für Notizen und weiterführende Literaturhinweise
runden diese „Pflichtlektüre" für engagierte Eltern ab.

Gebunden, 280 Seiten, Bestell-Nr. 815 434